祖先们的衣食住行

主　编　吴凌云

副主编　曾玲玲

广州新华出版发行集团
广州出版社
GUANGZHOU PRESS

图书在版编目（CIP）数据

祖先们的衣食住行 / 吴凌云主编；曾玲玲副主编 .—广州：广州出版社，2024.6
（博物馆里的广州）
ISBN 978-7-5462-3709-1

Ⅰ. ①祖… Ⅱ. ①吴… ②曾… Ⅲ. ①生活方式—广州—古代 Ⅳ. ①D691.93

中国国家版本馆CIP数据核字（2024）第030680号

祖先们的衣食住行

Zuxianmen De Yi-shi-zhu-xing

出品人 柳宗慧
出版发行 广州出版社
（地址：广州市天河区天润路87号9楼、10楼 邮政编码：510635
网址：www.gzcbs.com.cn）
责任编辑 区力文 巫光明
责任校对 窦兵兵
绘　　图 漫友文化
封面设计 蓝美华
装帧设计 紫上视觉 刁俊锋+黄隽琳
印　　刷 广州市快美印务有限公司
（地址：广州市白云区广从五路410号 邮政编码：510545）
规　　格 787 毫米×1092 毫米 1/16
字　　数 180 千
印　　张 13.75
版　　次 2024年6月第1版
印　　次 2024年6月第1次印刷
书　　号 ISBN 978-7-5462-3709-1
定　　价 68.00 元

发行专线：（020）38903520 38903521
如发现印装质量问题，影响阅读，请与承印厂联系调换

“博物馆里的广州”
丛书编委会

总序

在广州，享受美食或游览美景，都是人们心头所好。如果大家换个方式，去逛逛广州博物馆、南越王博物院、广东民间工艺博物馆（陈家祠）或者其他博物馆，也一定会收获意外之喜。

广州是国内博物馆体系建设完备的城市之一，域内分布着大大小小70多家博物馆，保存了超过170万件的各类藏品，其中不少还是国宝级文物或者罕见珍品。近年来，广州地区的博物馆举办的展览和活动越来越丰富，内容也越来越精彩。广州的博物馆人深刻认识到，博物馆是自然变迁与人类文明发展见证物的守护者、传承者与传播者，也是连接过去、现在与未来的桥梁，所以要创造更多机会让文物出镜、出彩，通过文物讲述更多有关广州的故事，让文物与观众产生更多互动，把博物馆变成学习知识、休闲娱乐和认识广州的最好去处。

无论在历史上还是在当代，广州都是闻名于世的城市。它地处山海之间，不仅是岭南地区规模最大、历史最悠久的大都会，也是我国有名的对外交流窗口。人类在这里生存、繁衍了至少6000年，上演了许多精彩故事，留下了众多遗存。岭南的传统文化在这里开枝散叶，海上丝绸之路在此启航走向世界，近代的革命者从这里出发推翻了统治中国2000多年的君主专制制度。如今，这里还是中国改革开放的前沿阵地。这许许多多的故事，怎么才能传播出去？怎样借助博物馆里的文物和田野上的文化遗产，让青少年增进对广州的自然、历史、人文，以及千百年来古老智慧的理解呢？我想，读完这套《博物馆里的广州》丛书，每个读者都会得到自己的答案。

《博物馆里的广州》丛书聚焦“广州的馆藏、四海的文明”，精选可以代表广州出镜的藏品和遗存，分不同主题讲述精彩的广州故事。包括：广州古城的演进历程；古代广州人的衣食住行；广州历史上百工百业的营生行当；广州人自古以来的休闲娱乐方式；古代广州人慧心巧思的创造和不断进步的科学技术；广州与世界海洋贸易的趣事；广州独具特色的自然环境与资源。为了让青少年读者更好地理解丛书的内容，书里不仅配有很多精美的插图，还设计了互动问答和动手游戏环节，相信大家一定会喜欢。

本丛书的内容涉及自然、历史、文化、风俗、社会等方方面面，引领读者从实物角度认识不一样的广州，让读者自行寻找“何以广州”与“广州为何”的答案。为了实现这个目标，丛书发起者组建了强大的专业撰稿团队，撰写者来自广州各个博物馆及中山大学、暨南大学等著名高校，他们把历史的细节和最新的学术研究成果变成了生趣盎然的文字。

除了知识丰富、内容科学之外，《博物馆里的广州》丛书还有其他与众不同的特点：

第一，丛书整合了广州地区丰富的博物馆藏品资源，精选代表性文物讲述其本身的知识和背后的故事，让历史变得易懂、有趣，真正让文物“活”了起来。

第二，丛书关注青少年的阅读习惯和心理，语言通俗易懂、活泼有趣。我们相信，如果你是广州人，读完这套丛书你一定会为自己生活的这座城市感到自豪；如果你不是广州人，读完这套丛书你也会喜欢上广州，愿意到博物馆里亲眼看看那些有故事的文物。

阅读本丛书，读者会明白，历史上的广州不只有货物、贸易和港口，也不只是中外人员往来的集散地，更是思想、文化、科技交流的中心。广州在历史发展中形成的敢为人先、开放包容、务实创新的精神，是数千年来这座城市开风气之先与始终保持繁荣、活力的密码，也是未来广州更好更快发展的基石与底蕴。

本丛书点亮了一盏灯，让读者真正了解广州的过去；本丛书打开了一扇门，向世界展示开放包容和自信自立的中国形象。

魏峻

（作者系复旦大学研究员、博士生导师，享受国务院特殊津贴专家。历任广东省文物考古研究所所长助理、广东省文物局副局长、广东省博物馆馆长等职，兼任国际博物馆协会国际博物馆研究与教育中心副主任，国际博物馆协会提名与选举委员会委员等。）

前言

我们脚下的这片土地，位于祖国大陆的南端，濒临南海，是西江、北江、东江三江汇合的地方，受季风影响，常年气候温热湿润，物产丰饶。两千多年来，我们勤劳勇敢、热爱生活的祖先，与大自然友好相处，善于从身边的万事万物中获取食材以及制作衣服、房子、交通工具的各种生活与生存材料。他们辗转万里，与遥远的、陌生世界的朋友们交换物品，以开放、包容的心态学习和借鉴新的知识、技术，融会贯通，发明创造。他们努力不懈，创造了属于自己时代的便利、美好的生活。

只是，他们在世间创造的一切，有很多被时间淘汰了，也有许多幸存下来，成为文物。本书的独特之处，就是汇聚了历代代表性文物近200件，重新串连起2000多年来广州先民的衣、食、住、行历史。

在这里，对文物了如指掌的博物馆研究员，深入浅出地讲述了这些故事：越人的衣服是怎样被中原时尚改变的；古人的腰带有什么学问；稻米如何成了广州人的主食；南越王的宫殿是怎样的；为什么城里有那么多水井；清代为何出现了五彩斑斓的广式玻璃窗；去探望远方的朋友要坐怎样的交通工具；珠江上曾经有多少种中外帆船航行；……

这是一代代广州人演绎的故事。历史文化名城广州的形成，有他们的功劳。

不忘。读而知之。

本册编者

第一章 穿衣扮靓

在我们的祖先华夏人看来，衣服是区分文明和野蛮的主要标志之一。中国素有『衣冠上国』的美誉，别称华夏更是有着中国人服饰高雅美丽的寓意。在追求衣着之美的路上，居住在岭南文化中心的广州先民也不例外，从丝、麻到香云纱，从先秦时期古越人的断发文身，到秦汉时期吸纳、融入汉服风格，再到唐宋时期的绚丽多姿、明清乃至近代的多元融合，一路走来，人们穿越了历史的蛮荒，创造了灿烂的服饰文化，也在漫长的时光里塑造了广州的衣着风尚。

在中国文化传统里，服饰不仅仅是为了保暖遮羞，还具有辨族群、知礼仪、别尊卑、正名分的社会功能。广州先民悉心学习中原衣冠的传统，以规整社会风俗礼仪，助力广州由『南蛮之地』向着岭南文化中心奔驰而去。这种做法，见效很快，西晋末年，江南的著名学者郭璞（276—324）就认为『南海之间，有衣冠之气』，指出岭南已出现了文明教化的景象。从这个意义上说，小小衣物承载着的，不仅仅是岭南本土文化，还折射出释乾坤、彰华夏、定天下的中华文明。

如今，我们回眸凝望广州两千余年的『服章之美』，在欣赏它们丰富考究的外观之余，也不妨看看历史留下的物件细节，了解服饰里所隐藏的先民们的生活与社会。

越人的『奇装异服』

先秦时期，岭南大地河网密布，沼泽丛生。生活在这片水乡泽国之间的，是越人。有别于讲究穿衣戴帽的中原人，越人常常被视为“蛮族”，这是为什么呢？

在长期的劳作过程中，越人为了适应终年高温多雨的气候环境，形成了许多具有地域特色的生活习俗，比如断发文身、凿齿跣足、儋耳椎髻。生活于中原的人们认为，这些现象原始、神秘，是愚昧和落后的，因此武断地称岭南越人为“南蛮”。殊不知，一方水土养一方人，越人的这些习俗，其实是对自然环境的一种适应。

现在，就让我们穿越到越人的时代，了解他们异于中原的“非主流”装扮吧。

▶▶ 越人劳作场景

(一) 断发文身

古时候，中原人奉行“身体发肤，受之父母”的观念，认为头发和身体都是父母赠予自己的礼物，所以不轻易剪头发；文身更是惩罚犯人的行为，任意为之会被视作不孝。

但生活在广州乃至岭南其他地区的越人，认知与中原人相反。他们常将额前及两鬓的头发剪短，其余头发在脑后扎成髻。也有一些人将头发稍微留长，披至肩上。总而言之，发型比较随意。这些发型与越人所生活的环境很是相宜：岭南天气炎热、潮湿多雨，越人多在森林、江河里穿行，断发或留披肩发，既方便劳作，也利于散热，避免中暑。

对越人而言，文身可不是为了“装酷”，而是避害，以及求得荣誉。据《汉书·地理志》记载，越人认为全身绘满图案并把头发铰短，在水中劳作时，蛟龙（不少学者猜测是鳄鱼）便不会伤害他们。文身还是越人的一种成人礼，人们通过这种方式来证明自己足够坚强，可以像成年人一样忍受身体上的痛苦。所以，那时的越人以文身为荣。

断发文身越人木俑
年　代：西汉南越国
出土地：广州柳园岗汉墓
馆藏地：南汉二陵博物馆

秦统一岭南后，虽然汉越文化不断融合，但断发文身这种具有地方特色的习俗，直至西汉仍存。比如这件木俑，双眼圆凸，头发全部剪光，显得脑袋圆溜溜的，前胸还用墨描绘卷云纹，是越人断发文身的真实写照。

（二）凿齿跣足

“凿齿”就是拔牙的意思。越人有个习俗：青年男女会有意识地将自己健康的门齿或犬齿（尖牙）拔除。越人可能认为此举有助于容貌美丽，或者是越人成人礼的一种，表示自己已长大成人。当亲人离世，或者本人结婚时，青年人也会拔牙，这可能是一种特殊的纪念方式。此外，他们还会“雕题黑齿”，也就是在额头上刻花纹，涂上颜色，并把牙齿染黑（也有人认为是长期吃槟榔的结果）。可以想象，当越人咧嘴而笑的时候，可能会露出两排黑漆漆的牙齿。

“跣足”是赤脚的意思。南方天气炎热，经常下雨，穿鞋很不方便，而且越人要时常下河抓鱼、下水田耕种，所以常常打赤脚。如今，这种生活习惯在岭南的不少乡村还存在。

人操蛇鎏金铜托座（背面）

年　代：西汉南越国
出土地：南越文王墓
馆藏地：南越王博物院

南方多蛇，越人操蛇象征着驱邪避恶。这件文物还原了“越人操蛇”的历史现象。托座上的越人上身穿右衽短袖褐衣，下身着露膝的短裤，打着赤脚，这是两千年前南越劳动者典型的装扮，非常透气，可以适应南方炎热潮湿的气候。

（三）儋耳椎髻

儋耳，指人的耳朵很大，可低垂至肩膀。这样的大耳朵并非天生的，而是在耳垂打耳洞后，挂上大而重的耳饰，使得耳朵被拉伸下垂变大。这是越人的一种自我装扮。古籍《山海经》记载了南方有一个叫儋耳国的地方，大概就是今天的海南岛。这种审美习惯让中原人印象深刻，后来的汉武帝还专门设置了儋耳郡。

椎髻，越人的一种发型，就是把头发盘成如椎之形。历史上，曾以这种发型展示于人前的最有名的人物，当属南越武王赵佗。据《史记》记载，汉朝使者陆贾出使南越国时，赵佗即以“椎髻箕踞”的装束和姿态相见。这种头上结椎髻，臀部着地，双腿伸展，像簸箕一样的坐姿，让来自中原的陆贾震惊不已。他不知道，这种他眼中的失礼之仪，却是赵佗入乡随俗、融入本地的苦心之举——“和辑百越”政策的具体实践。

拍印人脸形纹筒瓦片
年　代：西汉南越国
出土地：南越国宫署遗址
馆藏地：南越王博物院

这片残瓦上，有几个戳印人面的图案，人物都有一双大耳朵，头顶两侧还长着“角”，这正是“儋耳椎髻”的写照。“角”即南越人的椎髻发型。这种发型常有单髻、双髻、顶髻三种形式。其中，双髻形似单髻，结于头顶两侧，形似一对耸立的角，也就是残瓦所见形象；顶髻是将头发梳于脑后绾束成椎状髻。

（四）日常衣饰

船纹铜提筒纹饰（南越王博物院供图）

秦汉时期，人们如何穿着？出土自南越文王墓的船纹铜提筒，给出了一个令人惊奇的答案：提筒上有一组“羽人”士兵的图像，他们头顶羽冠，上身赤裸，腰间系羽毛裙，手提敌人首级或俘虏，场面震撼。士兵的这种装束，到底是真实临摹，还是秦汉时期人们幻想“羽人”可以羽化登仙、长生不死观念的反映？这仍是未解之谜。

回到历史现场。岭南气候终年温暖湿热，所以衣服多为开敞的形式，以简单凉快为特点。西汉刘安《淮南子·原道训》中记载“九疑之南，陆事寡而水事众……短绻不绔，以便涉游；短袂攘卷，以便刺舟”，即指岭南人们穿的是短袖衣和无裤裆的短套裤，以便于涉水或者划舟。“九疑之南”泛指岭南，短袖短衣短裤是包括百越人在内的岭南人的服饰特征。

着贯头的越人

越人的短袖短衣，常被称作“贯头”。制作时将一块布对折，中间剜开一个小洞，穿衣时头从布洞中穿过，布的前后两幅在腋下以绳索系结住。与它搭配的，是名为“无绔”的短裤——只是简单用一幅布围起来。越人这样的穿衣方法仅仅是为了遮丑、保暖。

虽然衣服穿得简单，但那时的人们与喜欢佩戴耳环、手镯的现代人一样，有了审美的需求。从出土的玉玦、石镯等配饰看，那时的人们通过磨制工艺，已经能将一些随身佩带的饰物做得比较漂亮了。

玉玦

年　代：新石器时期
出土地：广州黄埔区马头庄遗址
馆藏地：南汉二陵博物馆

这块晶莹剔透的玉器，形状为环形，上有一个小缺口。古人认为玉有缺，则为玦，故这种玉器称“玉玦”，是我国最古老的玉制装饰品。早在新石器时期，越人在日常劳作生活中，就已经萌生出原始的审美观念，常常将玉玦用作耳饰或佩饰。

石镯

年　代：新石器时期
出土地：广州黄埔区茶岭遗址
馆藏地：广州市文物考古研究院

镯，又称“钏”“手环”“臂环”，是戴在手腕部位的环形装饰品。对于先秦时期的普通南越人而言，难以获得玉、金、银等昂贵材质的镯子，如果想给自己装点一下，怎么办呢？这种价廉物美的石镯便可成为替代品。对于身份尊贵的越族首领而言，佩戴的石镯数量越多，越能彰显财富和权力。

玉耳珰

年　代：商代晚期
出土地：广州增城墨依山遗址
馆藏地：南汉二陵博物馆

这枚两头大、中间收腰的小物件，其实是我国一种传统耳饰——耳珰。早在新石器时期，耳珰就已出现。它的佩戴方式主要有直接穿入耳垂上的耳洞、系于簪首、系于耳上等。这件玉耳珰两端粗，中间细，戴上后不容易滑落，由此推测它是可直接穿入耳洞的。这种佩戴方式，至今还在许多少数民族地区流行。

进入汉服时代

秦汉时期，岭南正式归属中央王朝版图。大量北方移民南迁，和当地越人友好交往，共同建成了当时中国九大都会之一—— 番禺。

随着南迁的人们进入岭南的，还有中原先进的服饰文化和纺织技术。在衣饰领域，岭南大地的一场革新也在悄然发生：越人断发文身的习俗逐渐消失，取而代之的，是新的制衣材料、先进的制衣工具、中原风格的汉族服饰。

在这样一个新时代里，右衽深衣成为广州人的心头好。那些上层社会的贵族们，还用各种珍稀的玉石、水晶、玻璃珠饰来装点衣物。从此，广州人衣着附丽华夏风韵和域外风尚，岭南衣着时尚由此焕然一新。

▶▶ 古代纺织场景

养蚕
抽丝
织布
印染

(一) 衣服是怎样做成的?

古人制作衣服的工序，包括纺线、织布、印染、缝制等。相应的工具，分别是纺轮、织机、染印工具、骨针等。

早在春秋战国时期，用纺轮拉出植物纤维捻成细纱线已是广州地区织布人的日常工作。纱线经过织机被纺成布，印染后就进入缝制阶段。这时，骨针就派上用场了：将布缝制成衣服。

秦汉之际，广州原始森林茂密，植物品种丰富，棉、麻、蕉、葛、竹、桑等含优质纤维的植物已有种植。先民们发挥聪明才智，提取各种纤维，在布料制作上玩出了许多新花样。养蚕织丝自不必说，一种世界上最细密的织物——超细绢，也已经亮相。麻类植物是当时最重要的织布原料，所织成的布称麻布，做成的衣服称麻衣，多为平民所穿。一种名为葛的多年生蔓草也被利用起来，所织出的葛布清凉、吸汗，在东汉时期

小知识

中原来的能工巧匠

秦始皇统一六国后，派出五十万大军征戍岭南，为了解决士兵的穿衣问题，遣发中原一万五千名女性迁入岭南，为秦军士卒缝补衣服。这些女子后来没有再回到家乡。落地生根后，她们与本地织工们合作，利用岭南盛产的麻、蚕丝等资源，开发了许多本地前所未有的织物，并缝制出许多中原样式的服饰。

就是岭南地区进贡皇室的地方名优产品。后来，唐代诗人李贺在《罗浮山父与葛篇》中写下了他对岭南葛衣的感受："依依宜织江雨空，雨中六月兰台风。"诗里称赞葛布轻柔，织得像江上小雨般细密透明，穿着后如同六月的雨中吹来凉风。

陶纺轮
年　代：新石器时代
出土地：广州麻鹰岗
馆藏地：广州博物馆

这个形似算珠的东西，其实是纺轮——纺线的重要工具。它们用黏土烧制而成，是现代纺纱工具——纺锭的鼻祖。纺轮的正中间有小孔，插入拈杆卡牢后，将梳理好的植物纤维捻出线头，系在拈杆上，旋转纺轮，牵伸纤维，一段段捻制成线后，将卷绕好的线从纺轮上取下，作为织布的原材料备用。在秦以前，广州先民能够使用的纤维原料主要是葛、苎麻等。

纺轮使用示意图

事实上，不只有葛布，凡是用上述植物纤维所织成的衣服，皆有轻、薄、疏、透等特点，能适应岭南湿热的气候。这是广州人与自然和谐相处的智慧。

最重要的是，虽然有南岭的阻隔，但南越国与楚地之间交流频繁，互通有无。在制衣上表现为两地衣服印花纹样有相似之处。

部分织物（显微图）
年　代：西汉南越国
出土地：南越文王墓
馆藏地：南越王博物院

随着大批北方移民南迁，中原种桑养蚕的技术也传入岭南。南越文王墓出土了种类丰富的丝织品，人们从中清点出绢、罗、纱、织带、锦、绮等。仅绢的种类就有绣绢、朱绢、绉纱、超细绢、黑油绢、云母砑、光绢等。墓葬出土的珍贵随葬品多用这些丝织品包裹，有人估算，其数量超过300件，令人叹为观止！

铜印花凸版

年　代：西汉南越国
出土地：南越文王墓
馆藏地：南越王博物院

这套铜印花凸版是目前世界上发现的年代最早的一套彩色套印织物印花工具，由大、小两件组成。大的一件为主面纹板，小的应是印花时的定位纹板。二者工序分先后，功能不同。模板的印花纹样（右图）与长沙马王堆出土的两件印花纱纹样相似，说明这种工艺是越、楚两地密切交流的结果。

超细绢

年　代：西汉南越国
出土地：南越文王墓
馆藏地：南越王博物院

西汉时织得最细密的织物是什么？没错，正是超细绢。细密到什么程度呢？每平方厘米的经纬线为320×80根，用10倍放大镜才能看得清楚！这是目前已知的汉代平纹绢中经纬密度最高的织物。大家熟知的成语“纨绔子弟”中的“纨”，有人认为就是细绢一类的高级面料。用超细绢织成的衣服，在南越国只有贵族能穿。

(二) 汉服传入

秦汉时期，中原人喜穿深衣——一种上衣下裳连为一体的长衣。这种衣服可以将身体完全包裹，头颈以下寸肤不露，深衣的名字就是这么来的。深衣还有交领右衽的特点：在领口处，左边的衣襟压着右边的衣襟。这是因为绝多大数人是右撇子，利于右手从衣襟中拿出物品。后来这种形制被认为是华夏习俗，与之相对应的左衽就成为四域化外之民的标志。

曲裾深衣各部位名称示意图

铁铠甲

年　代：西汉南越国
出土地：南越文王墓
馆藏地：南越王博物院

秦国士兵是岭南第一批汉服传播者。这件铁铠甲，重达9.7公斤，有甲片709片（下图）。经过复原（上图）后，发现它类似坎肩，具备防护功能，又能保持作战的灵活性。其甲片的布列方式与秦始皇陵兵马俑中的一种骑兵俑身上的戎装相似。显然，南越国铁铠甲延续了秦国风。这种铁质铠甲在汉初极为珍贵，只有地位高贵的将军或君王才可拥有。

秦国统一岭南后，最先踏入这片土地的秦军士卒所带来的铠甲等军旅服饰，宣示中原衣物来到了广州。随后，移民带来的林林总总的中原衣饰，如宽大的深衣、花样百出的头饰等，同样深受广州先民们的喜爱。在中原衣饰潮流的冲击下，本地原先流行的左衽服饰逐渐消失了。

幸运的是，那个时代的历史风情，在广州出土的秦汉人像中留下了痕迹。

鎏金铜俑
年　代：西汉南越国
出土地：广州麻鹰岗
馆藏地：广州博物馆

这是典型的西汉时期女俑造型。人物呈跽坐姿态，头发中分向后梳拢，至颈后绾结，收束形成柔美的垂髻，双手合置于腹前，身穿交领右衽深衣。汉代女子的服装款式，基本以深衣为主，通身紧窄，衣摆又宽又圆，就像一个喇叭，而且长可及地，行走的时候不会露出鞋子，既含蓄，又大方得体。

陶乐舞俑
年　代：东汉后期
出土地：广州先烈路
馆藏地：广州博物馆

这尊陶乐舞俑有着精致的妆容，她的原型应是汉代岭南的宫廷舞女。只见她穿着水袖宽衣和喇叭筒形长裙，头戴花冠，跳着大名鼎鼎的汉代水袖舞。所谓水袖，是将平常衣袖的袖端接出一截来，再装上窄而长的假袖来增加舞蹈的美感，舞蹈时看起来就如同天上的仙女起舞一样。

小知识

画起阔眉的广州女子

自古以来，画眉就是女性常用的一种美容手段。汉代女子画眉样式多样，当时的童谣曾经吟咏："女幼不能画眉，狼藉而阔耳。"意思是女孩子年纪轻轻，还不会画眉，画到耳朵边上去了。在广州先烈路东汉墓出土的一组陶乐俑（下图），阔眉的眉式清晰。阔眉又称"广眉""大眉"，并且两边眉形高度不一样。据说，画"阔眉"的风气最早出自长安城，后来才传遍各地。番禺虽与长安相隔数千里，中有秦岭、南岭阻隔，但也兴起了同样的时尚风潮。

东汉　陶乐俑（广州博物馆藏）

小作坊

这里有四套汉代深衣，当时人们喜欢质朴自然的颜色，如玄、赤、白、绿，其中玄是黑色，赤是红色。现在就发挥你的想象力，给它们涂上颜色吧。

（三）南越有汉玉

玉是美丽的矿石，一直为人们所钟爱。秦汉时期，中国玉器又发展到另一个高峰，玉石常被用作服饰的配饰。广州人也像中原人那样，爱玉、惜玉。南越最有名的爱玉人，无疑就是南越文王赵眜。考古学家从他的墓里发掘出两百多件珍贵的玉器：喝酒有玉杯，穿衣有玉带钩，挂在脖子上的是玉项链，系在腰间的为玉佩，娱乐则有温润的玉棋子。

墓主组玉佩
年　代：西汉南越国
出土地：南越文王墓
馆藏地：南越王博物院

战国至秦汉时期，组玉佩是不少贵族的腰间佩饰。佩带着组玉佩，走路就要走小步，仪态端庄，因此有着“改玉改步”的说法。在南越文王墓中共出土组玉佩11套，其中又以墓主南越文王赵眜的一套最为华丽。它自胸至膝长约60厘米，用了足足32个饰件！装饰品还很卡通，有小金珠、煤精珠、小舞人等。

考古学家推测，制作这些数量庞大的玉器的原料，除了来自新疆和田地区，也有部分很大可能是在今天的韶关曲江地区开采的，并且南越国还应该有自己的制玉工坊，制作水平也不低。这些南越国工匠吸收了华夏南北制玉技法之长，所制作的玉器美轮美奂，不仅承袭了中原玉文化的正统，而且渗入了岭南的钟灵毓秀。现在让我们一起认识这些美丽的玉石吧。

透雕龙凤纹重环玉佩

年　代：西汉南越国
出土地：南越文王墓
馆藏地：南越王博物院

这是南越文王墓出土的玉器代表作。它存于地下两千多年，仍保留着玉的温润。玉佩采用透雕工艺雕成，以圆环分隔为内外两圈，呈重环圆璧形。内环中有一条游龙昂首挺立，而外环的凤鸟婀娜多姿，立于龙爪之上，与龙相望。像是在呢喃对语，体现了和谐的“龙凤呈祥”图景。

（四）腰间的学问

我们在学习文言文的时候，常会遇到一种叫“钩”的器物。这钩，其实有两种，一种是兵器，如吴钩，另一种就是现在要说的主角带钩，如庄子所说的“窃钩者诛”中的“钩”。这个小玩意儿起源于西周，流行于秦汉，多为男性使用，系在腰带上用以固定衣物，功能与今天的皮带扣相似。古人用腰带束身，将修身与带钩联系在一起，赋予了带钩精神上的意义。

秦汉时期，中原移民带来的腰带和带钩，取代了越人最初所用的动物筋络与植物条蔓，改良了广州的衣饰文化。南越文王墓出土的玉带钩，是汉代人们智慧和情趣的折射。

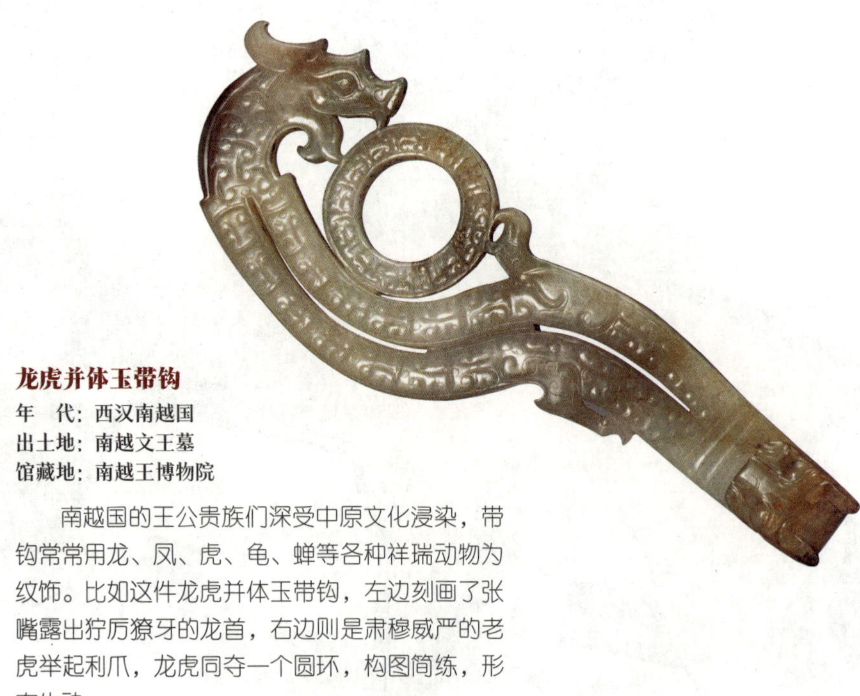

龙虎并体玉带钩
年　代：西汉南越国
出土地：南越文王墓
馆藏地：南越王博物院

南越国的王公贵族们深受中原文化浸染，带钩常常用龙、凤、虎、龟、蝉等各种祥瑞动物为纹饰。比如这件龙虎并体玉带钩，左边刻画了张嘴露出狞厉獠牙的龙首，右边则是肃穆威严的老虎举起利爪，龙虎同夺一个圆环，构图简练，形态生动。

虎头金钩扣龙形玉佩
年　代：西汉南越国
出土地：南越文王墓
馆藏地：南越王博物院

我们常说的“金玉满堂”，在两千年前就已被南越文王领会了。属于他的这件玉佩由一件青玉雕镂的玉龙和一个金质虎头带钩组合而成。但这并非原装组合，考古人员发现，那枚金质虎头带钩是在玉龙尾部断裂后加装上去的，这样不仅能遮住裂缝，还形成了猛虎咬龙尾的生动画面。或许正是这样，这断裂的玉龙更让南越文王爱不释手，并成为陪葬品。

琉璃带钩
年　代：西汉
出土地：广州横枝岗
馆藏地：广州博物馆

这枚带钩由一种特殊的材料——琉璃（即玻璃）制成。汉代的琉璃通常呈现出迷人的半透明状态，似玉而非玉。最先掌握琉璃制造技术的是古埃及人和西亚人，秦汉时期的海上贸易，将神秘的琉璃制品从地中海、波斯湾输入中国。至今，汉代的琉璃材质带钩出土极少。物以稀为贵，这枚琉璃带钩的珍贵不言而喻。

(五) 来自域外的风情

秦汉时期，时称“番禺”的广州已是海上丝绸之路上的重要港口。每年冬季的11月、12月，勇敢的商人们乘北风出航，给海外各国带去珍贵的东方丝绸；在来年五六月南风吹拂之际，一艘艘满载着玉石珠宝、奇珍异货的商船自远方归来。彼时的广州，熙熙攘攘，中外客商、货品云集，各种充满异域情调的货物都能在这里找到。司马迁在《史记》中盛赞“番禺”不愧是全国九大都会之一。

爱美的广州人慧眼识珠，敞开胸怀，迎接异域时尚新潮。很多人都穿戴上了稀奇的“洋货”，如水晶、玛瑙、玻璃珠等。这些珠饰丰富了广州人的衣饰文化，也见证了当年海上丝绸之路的繁华盛景，是古代社会流动的“文化足迹”。

水晶玛瑙珊瑚串珠
年　代：东汉
出土地：广州龙生岗
馆藏地：广州博物馆

组成这件迷人珠串的，有金狮球、水晶、珊瑚、琉璃以及用药物蚀花的玛瑙，这些珠饰很有可能是由海路输入广州的。一直以来，珠饰都是中原王朝从海外输入的主要商品，尤其是汉武帝平定南越国后。在广州地区，至今已出土的两汉珠饰达到两万余颗！因此，以南海为主的海上丝绸之路也被称为“宝石之路”。

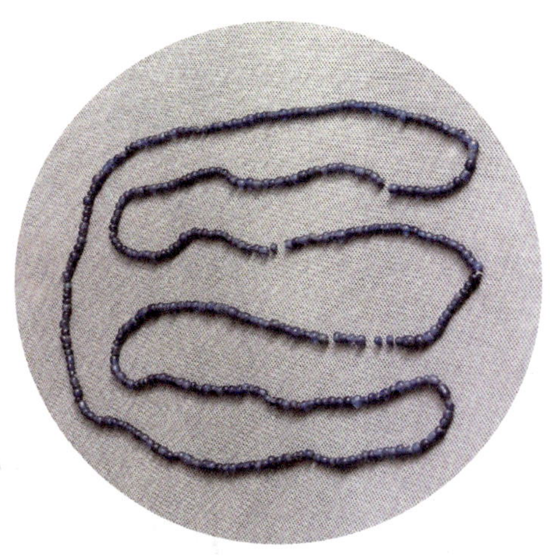

琉璃珠饰
年　代：东汉
出土地：广州龙生岗
馆藏地：广州博物馆

这一串珍贵的汉代琉璃珠饰，颜色瑰丽，晶莹剔透，在透光状态下，甚至呈现出一种迷幻之感。那梦幻般的蓝色是如何显现出来的？其实，这种蓝又叫钴蓝色，是在制作琉璃时加入了一种叫三氧化二钴的无机化合物后形成的。同类型器物在我国广西北海市，以及越南、泰国等地皆有发现，有可能是沿海路输入中国的，但也不排除广州本地工匠利用外来技术制作的可能。

蜻蜓眼玻璃珠
年　代：西汉南越国
出土地：南越文王墓
馆藏地：南越王博物院

这件色彩绚丽、类似蜻蜓复眼的小玩意儿，其实是一颗玻璃珠，中间圆孔可穿线。这种珠子最早出现于公元前16世纪的埃及，后传入中国。这颗玻璃珠可能是南越国工匠生产的，但因为造型与纹饰均与楚式蜻蜓眼珠高度相似，也不排除从楚地传入的可能。它是贵族的饰物，也是那个时代顶级的奢侈品，南越文王墓中仅出土2颗。

鎏金铜框牌饰
年　代：西汉南越国
出土地：南越文王墓
馆藏地：南越王博物院

这块金灿灿的牌饰，是腰带上的装饰品。它的表面鎏金，中间透雕成一条游龙和两只憨憨的乌龟。这种牌饰并非广州的特产，它最早产生于北方游牧民族地区，匈奴人就热衷于穿戴这种动物纹牌饰。但“一龙二龟”是典型的中原文化主题，制作者或为中原的工匠。这件牌饰被南越文王一眼相中后，成为他的随身佩饰，并作为随葬品埋入地下。

云想衣裳花想容

唐宋时期，和中原的长安（今西安）一样，广州城也是一片繁华盛景，城市边界不断向外延伸，房屋不断翻新修葺。江边埠头（码头）林立，岭南与岭北的官员、商人、平民汇聚于此，来自阿拉伯、波斯等地的海外商人则聚于外国人社区——蕃坊。这是一个中西方文化交流密切的时代。

如果穿越到唐宋时期的广州街市，你会发现不时有异域风情闪现，但中原风尚才是主流。在这里，有穿圆领袍的青年才俊，着齐胸襦裙的妙龄女子，甚至还能遇见身着铠甲的武士！无论是唐代服饰的大气磅礴，还是宋代服饰的清新婉约，广州人都能稳稳驾驭。值得留意的是，此时，城中居民穿着已经与中原人差异不大，只有在山野和城郊才能依稀看见本地少数民族装束。广州人基本接受了来自中原的服饰和礼仪，融入了华夏文化之中。

穿圆领袍的青年

簪花的少女

（一）时代潮流：圆领袍衫

唐宋时期，人们穿衣打扮出现了新的潮流，一种名为圆领袍衫的服饰成为年轻人的最爱。圆领袍衫的特点是圆领和窄袖，衫的长度可到小腿的位置。这种服饰是在北方胡人袍服的基础上改进而成的，相较于右衽交领的深衣而言，圆领设计可以将人体遮挡得更为严密，防风御寒的作用也更强，为当时士庶、官宦男子普遍穿着的服式。

圆领袍衫还有一个十分有趣的故事：据说在南北朝时，北周宰相宇文护下令在官员所穿袍服前襟下摆处加缀一道横栏——称“襕”，所以这种服饰又叫做襕衫，以此来表示对前代深衣古制的继承。

陶男俑
年　代：唐代
出土地：广州淘金东路
馆藏地：南汉二陵博物馆

这件陶俑，身形笔直挺立，双手交叉叠置于胸前，身穿圆领窄袖襕衫，腰间系束带，穿着便于骑马的短靴，可惜头部残缺，只能任凭后人想象了。陶俑的原型可能是当年广州城中一位矫健英俊的少年吧。

鼠俑　　龙俑　　牛俑　　马俑

陶生肖俑

年　代：隋代
出土地：广州动物园
馆藏地：南汉二陵博物馆

秦兵马俑看得多了，广州本地的生肖俑，你了解过吗？这批出土于广州动物园的生肖俑，用于辟邪镇墓，共有八个（如图），皆兽（禽）首人身，跽坐姿态，表情憨厚。它们的着装，窄袖、圆领，正是当时流行的圆领袍衫。鼠俑头上戴的幞头很奇特，如同高耸的一对角，这种样式的幞头较为少见。

羊俑　　猴俑　　鸡俑　　狗俑

这种穿圆领袍衫的风气，很快风行全国，广州百姓也纷纷效仿，袍衫成了当时最火的穿搭。常与圆领袍衫搭配的是幞头。

小知识

幞头

唐宋时期，流行一种叫“幞头”的帽子，是男子必备之物，又名“折上巾”“软裹”。这是一种用青黑色纱罗做的软胎帽，裹在发髻的后部，稍稍突起并微微前倾。帽带共有四条，两条系于帽顶前部，两条垂于颈后，或长或短，式样有数种，古人将颈后两条随风摆动的带子，叫做“垂脚”或者“软脚”。幞头穿着便利，富于变化，受到了当时社会各阶层的欢迎。

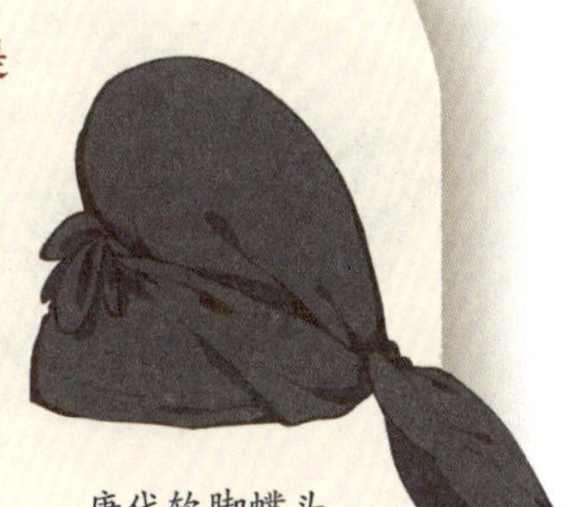

唐代软脚幞头

五代时，这两条带子平直分向两边，像往外伸出的一对角，“软脚”变成了“硬翅”。到了宋代，幞头帽顶是平的，两脚平直，式样有直角、局脚、交脚、朝天、顺风等等，身份不同，式样也不同。

有趣的是，直角幞头大多是官员所戴，且两脚越伸越长。据说这与宋朝开国皇帝赵匡胤有关。他很反感文武大臣在朝堂中交头接耳，评论朝政，于是就在幞头纱帽后分别加上长翅，用铁片、竹篾做骨架，一顶帽子两边各穿出一尺多长的硬翅，这样官员并排坐着交谈就很困难了。

宋代硬翅幞头

这一时期广州人穿的鞋子比较有个性：人们喜欢穿草鞋（用芒草编织而成，轻便耐水），还有木履——和今天的拖鞋有异曲同工之妙，适合雨天出行。

活齿木履
年　代：唐代
出土地：广州解放中路
馆藏地：广州市文物考古研究院

这只木履，可不是一般的鞋子。和它一起出土的，总共有18只，有些尺寸居然长达38厘米。专家猜测，它们更像是今天的鞋套。广州气候多雨，在下雨天时，布鞋易被打湿，这种木履就发挥作用了，把它套在布鞋外头，可防雨水。在出土的其他木履中，有的刻有如意花纹，有的木履底部还有齿，有防滑的作用。

木履出土的地方是唐代广州城的西南边，当时不属于城区，靠近蕃坊。那么，它们的主人是广州土著，还是阿拉伯商人？或是一位波斯商人？

（二）从绚丽开放到清新温婉

唐代女子着装，无论奢华或朴素，最经典的衣着，是上身着襦、袄、衫，下身束裙子。她们还习惯将衣衫下摆束在裙腰里，显得裙子很长，走起路来华带飞舞，格外飘逸。帔帛、半臂是唐代服装中新出现的款式。帔帛大多是一条绢帛，宽度与今天的围巾相似；半臂是袖口仅到上臂的对襟上衣，搭配不同的衣物时，富有层次感。

陶侍女俑
年　代：唐代
出土地：广州先烈中路
馆藏地：南汉二陵博物馆

这三位脸颊圆润的少女，笑容可掬，左边和右上的女子穿着时兴的窄袖圆领袍，中间的侍女则是穿尖领长裙，三人都穿着便鞋。唐代时，女子普遍以丰腴为美，陶侍女俑的形象正是当时社会审美趣味的写照。

《四烈妇图》（局部）
年　代：元代
馆藏地：广州艺术博物院

这幅画表现的是古代一名烈妇的贞洁故事，由元代的画家所作。宋元时代的广州，人们穿衣打扮已基本和中原保持一致，呈现保守含蓄的特点，女子穿搭追求清瘦内敛，如画中窗外的女子的衣饰：头挽发髻，穿短襦长裙。当时广州城内女子的衣着，应该与她相似。

有趣的是，社会风气和女子服饰似乎有着千丝万缕的联系。初唐时期，天下初定，女性的服饰崇尚自然之美，颜色多是运用自然的纯色系，多穿窄袖襦裙，搭配半臂和帔帛，整体呈现出一种清新自然的美感。到了盛唐，社会文化开放，在服饰上则体现出艳丽丰韵之美，襦袍的领口式样变化丰富，出现了直领、鸡心领、袒领等多种样式，裙子款式也变得松散膨胀，裙色艳丽多彩。中晚唐时期，战乱让唐朝由盛转衰，社会开始排斥胡风，在服饰上开始恢复中华宽衣博带的传统。

宋代，女子服饰一改唐风，讲究瘦长，以衫、襦、袄、褙子、裙、袍、褂、深衣为主，不过这些上衣大部分采用的都是直领对襟式，没有带子和扣子，颈部外缘重叠缝制护领，显得含蓄。与唐代相比，宋代人的衣物色彩趋向洁净含蓄，甚至以一身缟素为美，流行“孝妆”。比较特别的是，那时的广州，人人爱花，城中男女簪花成风，尤其是喜欢素馨、茉莉之类的小花，可以说是古代版的“美在花城”。

小知识

你没见过的金顶针

这枚类似戒指的物品，实际叫做顶针，是民间常用的一种缝纫用品。它上面布满了各种各样的小坑，坑的大小正好可以放下一枚针的尾部。针插在较为厚的衣物内时，单单用手很难把针顶出去，这时候顶针就有了大作用：用顶针顶住针的尾部，就可以轻松把针顶出去，不会弄伤手指。

西晋　金顶针
（广州市文物考古研究院藏）

(三)金戈铁马:军旅服饰的演变

在战场上,士兵们为了保护自己,需要穿上厚重的甲胄,这就衍生了一系列军用铠甲。

早期,人们最先使用的是皮甲、青铜甲等。到了汉代,随着冶铁技术的进步,铁甲(又被称为玄甲)大规模流行,并伴随着一系列军事行动传入岭南地区。唐宋时期,甲胄发展到巅峰,仅唐代就有十三种最为著名的铠甲,被统称为"唐十三铠",其中的明光铠成为唐军将士最重要的装备。宋朝军队以步兵为主,各式铠甲层出不穷,且追求对全身的防护,一种叫步人甲的铠甲最有代表性,它将一个士兵从头到脚全身都用盔甲包裹起来,据说重量达到了惊人的40千克以上!

木雕力士像
年　代:唐代
出土地:广州光孝寺
馆藏地:广州博物馆

这尊威风凛凛的木雕力士,穿的正是唐代大名鼎鼎的明光甲。它由南北朝时期的两当甲演变而来,在背部及胸部分别放置一块护心镜。护心镜在经过阳光照射后,能够反射出极为明亮、夺目的光芒,让敌人目眩,从而给披甲者创造有利的攻击机会。

宋代以后，火器兴起，铁甲难以抵挡，再加上自重过重，便被绵甲替代了。那时的广州城相对安定，但出土的穿武士服的石俑士兵，也在静静地向人们展示他们守护国家南疆的峥嵘往昔。

石俑
年　代：南宋
出土地：广州市华侨小学
馆藏地：南汉二陵博物馆

这三个有些卡通的石俑，原型可是威风凛凛的宋代武士。它们由灰白色砂岩刻成，头戴平顶小圆帽，双眼圆睁，有护颈和腰部束带，双手按剑。左、右二俑基本相同，下身为束身窄裤，脚穿半高腰靴。中间的石俑，冠下后部束发用细线刻出，下身是束腰褶裙，脚穿长筒高靴。

锦绣南国：明清时尚

明清时期，广州成为全国重要的丝棉纺织品生产基地。得益于发达的手工制造业，广州人的衣着也不再仅是单纯地模仿中原衣冠，而是有了创新发展，从跟随者变成了领跑人。

明代，广州所产的棉、丝、麻、蕉、葛等纺织面料因种类繁多，花色百变而闻名，广州生产的纱缎被誉为“甲于天下”“金陵、苏、杭皆不及”，也就是说广州的纱缎可一点儿也不比富庶的江南差，并且成品大批输往海外。广州城里人们所着衣饰，也多是本地所产，风格雅致，读书人喜欢穿宽袖博衣的直身，戴各种方正整洁的帽子，而妇女们身着华丽服饰，配饰夺目，他们是当时广州风尚的代言人。

但在1644年后，广州人的服饰风格发生了巨变。清朝统治者在全国强力推行“剃发易服”的政策。官员们穿的是“马蹄袖”的袍褂、马褂等满族服饰，老百姓则穿起了长衫马褂。尽管女子可以继续穿袄裙，但到了清朝中后期，受到满族审美的影响，广州女子也学会梳燕尾头、穿花盆底鞋了，旗袍、马甲成为新的时尚。总之，满汉兼容成为清代广州服饰的主流。

清代　通草画《踢毽子图》（广州博物馆藏）

（一）大明风华

明代，广州已是珠江三角洲的经济轴心之一，文化的发展也活跃起来，可以说是书香满城。以陈白沙、湛若水为代表的大学者在广州授课、讲学，吸引了许多长袖博衣的读书人汇聚于此。那时，普通人穿短褐，即上衣下裤，读书人则打扮文雅，爱穿一种叫“直身”的衣服，这是时兴的服饰。直身作为明代男装的基本款式之一，上至皇帝百官、下至黎民百姓都可以穿，广州的读书人对其情有独钟。

陈献章肖像轴

年　代：明代

馆藏地：广东省博物馆

画像中端坐的老者，是明代大儒陈献章（陈白沙），他所穿的正是直身。这种衣服造型为斜斜的大襟，袖长过手，而且宽大；衣长则至脚面，穿时腰间系丝带。由于儒雅得体，直身成为明代士人平日里的最爱。但因衣袖宽大，只适合文儒雅士平日吟诗绘画时所穿，不适合体力劳动者，所以当时社会上有民谣唱道：“二可怪，两只衣袖像布袋。”

梁元柱森琅公少年自画小照轴（局部）

年　代：明万历

馆藏地：佛山顺德区博物馆

画中坐着的阴柔的少年叫梁元柱，长大后，他成为明代的进士，为官忠良清廉，拒与歹人合作，后被削职还籍，归隐广州越秀山。画中的他，当时只是少年，穿着蓝色宽袖直身，宽白护领，头戴明代百姓钟爱的网巾，悠然自得地跷着二郎腿，露出红底鞋履，身旁书案放置文房四宝。

小知识

明代的“高帽”

四方平定巾

明太祖朱元璋建立明朝后，极力推行他理想中的衣冠制度，仅是戴什么样的帽子，都大有讲究。当时的帽子种类很丰富，常见的有梁冠、乌纱帽、直檐大帽、四方平定巾、六合一统帽、网巾等。

其中四方平定巾很有特色，看起来像长方形的盒子，朱元璋觉得它有象征天下太平的好寓意，下令在全国推行，希望这样的方巾能给自己的大明朝带来好运。而明代的读书人、官员确实也喜欢这种帽子。

六合一统帽仍沿袭元朝时期的样式，用六块布料缝拼而成，下方还有帽檐。帽子名称有天地四方由皇帝一人统率、统领之意，取意安定和睦，天下归一，因此明太祖规定它为全国通行的帽式。

六合一统帽

明代，人们认为男子披头散发是没有教养的行为。而网巾这种帽子，方便束发。朱元璋见到后，便下旨让全民佩戴，不分贵贱。它是当时男子的风尚标识。

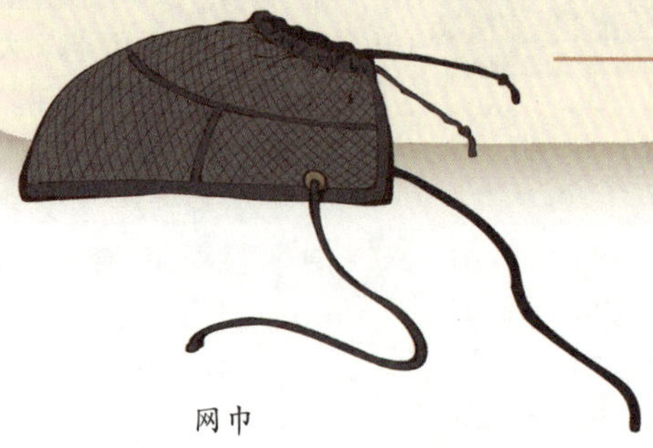
网巾

广州女性的打扮，则以衫、袄、霞帔、裙子等为主，大多沿袭汉唐风尚。她们的头饰种类较多，这可从本地明代墓葬出土的金银头饰品种看出来。这可能与当时广州金银器手工业发达有关。

花鸟纹金分心·葫芦形金耳坠
年　代：明代
出土地：广州番禺茅山岗
馆藏地：南汉二陵博物馆

古代，女性的发饰有“头面”之称，代表着佩戴人的脸面、财富和审美。在明代，根据种类的不同，头面的各色簪钗要佩戴在相应的位置，并且各有名称。比如这件金束发冠，称“分心”，使用时插戴于脑后盘成的发髻前面或后方。它呈如意云形，中间还锤刻一簇盛放的牡丹花，两侧对称饰花鸟，分别为缠枝牡丹和凤鸟，只见凤鸟卓然挺立，引颈回顾，展翅欲飞。

旁边的一对葫芦形耳环也比较特别，呈S钩状，一端垂吊如指头般大小的瓜棱纹葫芦。明朝人喜欢葫芦形耳环，这与当时皇室信奉推崇道教有关，因为葫芦是道教法物，是大仙的法宝，且葫芦又谐音“福禄”，寄寓着人们的美好意愿，可以说是当时广州贵妇圈中最受追捧的时尚单品。

(二) 城里流行满族衣饰

在许多以清朝为历史背景的电视剧中，男女主角的服饰和前代明显不一样，这是因为清朝政府要求全国男子剃发易服，以满族服饰为主，传统的汉族服饰逐渐退出了历史舞台。古老的广州城，很快也迎来了穿着缀有“马蹄袖”袍褂和马褂的旗人。在这之后的200余年，男子拖起了辫子，衣服换了风格，而女子则可在长长短短的满汉服饰中自由选择。

广彩人物纹盘
年　代：清代
馆藏地：广州博物馆

1652年，清政府正式公布了《服色肩舆永例》，对各品官员的服饰作了详细的规定。最有代表性、最具特色的是冠帽，而冠帽中最具特色的当属礼帽——别称大帽，其可按季节分为暖帽（八月到次年二月之间戴）和凉帽（三月到八月戴）。

从形制上看，暖帽是圆形的，顶上用红色的丝绦或缎子做成帽纬，顶部中央的顶珠是用宝石、珊瑚、金、银等制成的，用来区分官员职级高低。凉帽则是一个圆锥形的笠帽。这两种帽子在顶珠下方都有一根翎管，用来插花翎——通常是孔雀翎。

这件广彩瓷清晰记录了一个其乐融融的清代广州官宦家庭。男主人气定神闲地坐在云石上，头戴暖帽，穿着一件蓝色长袍，外面还套了一件动物皮毛制成的马褂。他身后右侧有一名穿青色长袍的仆人，同样头戴暖帽。

官员照片
年　代：晚清
馆藏地：广州博物馆

这张照片里的清代官员正襟危坐，头戴暖帽，身穿官袍——又称补服。这种衣服常常穿在袍子外头，款式为圆领、对襟、平袖，袖与肘齐，衣长至膝下，中央开襟，门襟还有5颗纽子，高级官员的补服下摆上还绣有海水牙子等纹饰。然而，穿上补服还不算完整，四品以上的文官们还需要佩戴朝珠，数量为108颗，另外还要配长靴。

小知识

何为“衣冠禽兽”

中国古代的服饰制度中，最能反映等级制度的，莫过于文武百官的官服了。明清时代的官服称为补服，因其前胸及后背各缀有一块“补子”而得名。官位不同，纹样亦不同，帝后、王公、贝勒用圆形补子，镇国公以下及文武百官用方形补子。文官绣飞禽，寓意文采飞扬；武官用猛兽，象征勇猛彪悍。各品级的补子纹样均有规定，用以区分官职差别，绝对不能穿错。旧时老百姓痛恨贪官污吏，就称呼他们为“衣冠禽兽”。

清代　钉金鹌补子
（广州博物馆藏）

清代　锦鸡补子
（广州博物馆藏）

（三）旗装正流行

从清乾隆二十一年（1756）开始，清政府陆续从北京和天津调派1500名八旗兵入驻广州城，他们的家眷也随军而来。这些人逐渐融入了本地人的生活。广州城里的穿衣风尚由此而变。

随八旗女子入城的，当然少不了别开生面的发饰与服饰，最有名的，自然是旗装中的旗袍。不过，当时的旗袍和今天的样式大不相同：它的外轮廓呈长方形，圆口领、窄袖、向右侧捻襟、下摆四面开衩、带扣绊、束腰带，还有马蹄袖盖手，特别流行以华丽的布料镶滚衣边。清代中后期，受汉族服饰影响，人们日常穿着的旗袍由四边开衩变成左右两边开衩，马蹄袖也被平袖替代，并且只有在喜庆节日和外出办事时才穿，逐渐成为礼服。

广彩锦地开光人物纹茶壶
年　代：清嘉庆
馆藏地：广州博物馆

满族妇女的发型很特别，主要有两把头、架子头、钿子头、大拉翅等造型。这里说说大拉翅。大拉翅流行于晚清，这把茶壶中两位满族妇女头发造型就是代表，以头顶发髻为座，上面放置旗头。这个时期的旗头与我们在清宫戏中看到的大致相同，是一种扁形的冠，里面有铁架支撑，外面用青绒或青素缎等制成，正面有各种珠宝首饰的装点，侧面悬挂流苏。人们也把它叫做“大京样”。

紫色团龙纹暗花绸氅衣
年　代：清光绪
馆藏地：广州博物馆

值得说明的是，和现在仅是女子穿旗袍不同，在清代，满族男女都可以穿旗袍。此外，满族女子的旗装还有马褂、马甲、褂襕、衬衣、氅衣等，不同的衣服配合穿搭，也是时尚感满满。

湖水蓝纱暗花地氅衣
年　代：清末
馆藏地：广州博物馆

广州城里满族贵妇的心头好是氅衣，这是她们探亲访友、接待宾客所穿的便服。氅衣在清代以前属于男性服装，到了清代后期，则变成了满族女性的便袍，专称氅衣。这种衣服，长至脚面，左右开裾至腋下，两侧镶绲边，饰有云头纹（也称如意纹）。由于氅衣左右开裾，单穿就会露腿，所以必须在里面套穿衬衣或者袍服。

绿色绸绣花蝶纹衬衣

年　代：清光绪

馆藏地：广州博物馆

蓝色绸绣凤戏牡丹纹衬衣

年　代：清光绪

馆藏地：广州博物馆

通草画《仕女簪花图》

年　代：清代

馆藏地：广州博物馆

乍一看，衬衣与氅衣相似，其实它们之间还是有差别的。衬衣是一种圆领、大襟、右衽、直身、平袖、无开裾的长袍，有的领口变化出立领的样式。衬衣的两侧没有开裾，行走时不会露出腿部，是可以单独穿用的便服。衬衣的外面还可以套穿马褂、坎肩等短款服饰，或加穿开裾较大的褂襕、氅衣等，可以说是满族女子的百搭衣物。《仕女簪花图》中的女主人，穿的正是衬衣。

满族女性还流行穿“高跟鞋”，但这种鞋与现代的高跟鞋是不一样的，这种鞋的鞋底以木制作，称作“高底鞋”“花盆底”，最高的可达25厘米！走起路来都得小心翼翼。

玫红缎镶边厚底鞋
年　代：清末
馆藏地：广州博物馆

很多人以为，中国的高跟鞋是国外传进来的，其实不然。早在明代，中国就出现了高跟鞋。清代，满族妇女常穿的“马蹄鞋”“花盆鞋”，就是高跟鞋。图中的玫红缎镶边厚底鞋就是马蹄鞋的代表。它的鞋底中部用木头制成，前面平直，后面呈椭圆形，上面细，下面宽。因为外形和落地印痕非常像马蹄和马蹄印，所以称马蹄鞋。清代的广州城，满族妇女多穿这种鞋子。但一般的百姓多穿平底鞋或赤足，以方便劳作。

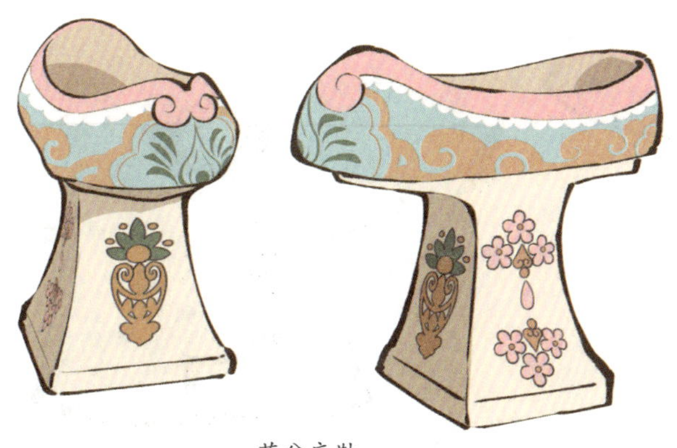

花盆底鞋

（四）汉族男子服饰

清代推行剃发易服政策后，广州男子的衣饰和前代大为不同。男子脑后留着一根细小的辫子，身上穿袍、衫、裤、马褂、瓜皮帽等比较常见的衣物。袍、衫的腰身、袖子都比较细短，这显然是受到了满族文化的影响。

最有特色的男子服装当属马褂，无论贫富老少，都可以穿着。它主要有对襟、大襟、琵琶襟三种款式。还有一种与马褂相近的衣物，叫马甲，原本也是满族为适应骑射而创造出来的服饰，后来在广州城里也很常见。它比较窄小，没有袖子，衣襟款式和马褂一样。

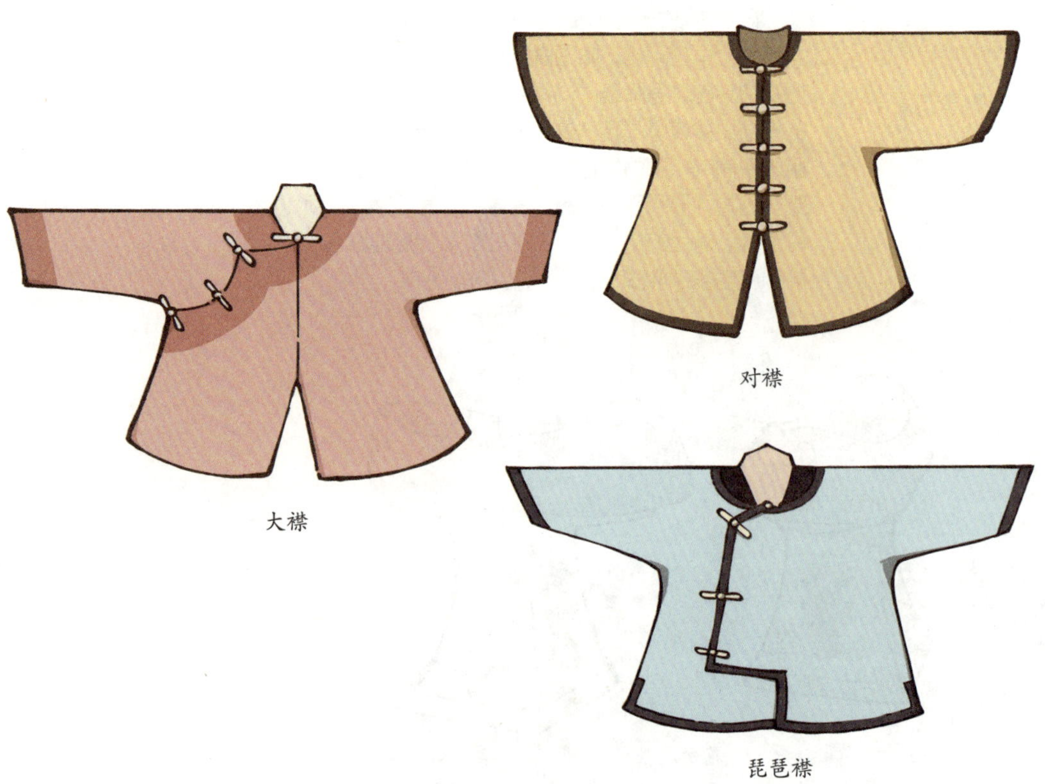

马褂的三种款式

通草画《对弈图》
年　代：清代
馆藏地：广州博物馆

画中，两位青年人正聚精会神地下围棋。这是一个带花园的地方，人物衣着光鲜，两人显然是城里的富贵阶层。他们分别穿着蓝色和褐色长袍，外面加套一件大襟绿色马甲。他们都戴着瓜皮帽，帽顶还有一颗引人注目的红宝石。瓜皮帽即明代所称的六合一统帽，在清代流行，老少皆宜，堪称“国民之帽”。

通草画《风水先生图》
年　代：清代
馆藏地：广州博物馆

画中的风水先生穿着灰蓝色长袍，打着绑腿，穿着朴素的黑色平底布鞋，正走街串巷吆喝生意。那时，男子的长袍比较紧窄，袍长至脚背，多为圆领或立领，也有对襟、大襟、琵琶襟等样式，而且会用纽扣系合。下摆则是左右两侧开衩或不开衩。

清代长袍马褂的盛行，与一件不起眼的小物件的发明有关，那就是纽扣。明代以前，中国人穿衣服是不用纽扣的，只用一种被称为“结缨”的带子，两根系在一起。明代万历年间，纽扣出现，到清代时就被广泛应用了。有了纽扣的系合功能，人们就可以穿比较贴身的衣服了。这是发明改善生活的一个案例。

通草画《农夫》（左）、《渔夫》（右）

年　代：清代

馆藏地：广州博物馆

画中的农夫，上身穿着大襟短衫，下着阔腿裤，还打了绑腿；渔夫的穿着更随意了，简简单单的短衫再配上一条短裤。他们所穿衣饰，都是当时穷苦人家的真实写照。

值得留意的是，两人不仅打赤脚，而且头上都戴着具有岭南风情的帽饰——斗笠。它由竹子编成，帽顶为尖顶或圆顶，帽檐较宽，既可以遮阳，也可以挡雨，是外出劳作的老百姓的守护者。

薯莨衫

年　代：清代

馆藏地：广州博物馆

薯莨是一种藤本植物，形状有点像番薯，外表呈紫黑色，内为棕红色，捣碎后出汁液，汁液煮沸后变成深褐色，是浸染织物的天然染料。用薯莨汁液染出来的布料做成衣服，不仅耐脏，还防潮透气，穿在身上很凉快，即使被汗湿，也不会贴在皮肤上，颇受广州人喜欢。令人称奇的是，新做出来的薯莨衫硬邦邦，经酸性处理会变软，所以穿得越久、洗得越多，就越柔软。它还很耐穿，一件薯莨衫甚至可以留存几百年之久。

清代广州男子越来越喜欢穿着长裤，它的裤腿一般比较窄，有合裆裤与套裤两种。套裤没有裤裆和裤腰，保留了汉族古代裤子的形式，但是在穿着上，是将它套在有裆单裤外面，主要起保暖作用。

至于贩夫走卒、农民、疍民等普通劳动者，日常穿着就很简单了，大襟短衫、长裤是标配，夏日炎炎的时候，他们索性穿布背心或者赤膊劳作。

（五）汉族女子的穿搭

在衣饰上，清政府推行俗称“男从女不从”的政策，允许汉族女子沿用汉族女装。因此，清代前期，广州女性的着装大多沿袭和继承明代女服，到了清中后期，受满族衣饰和其他外来因素的影响，女性的衣服在局部细节上也发生了些许变化，出现了款式创新。

那时，广州女子上身多穿袄、衫，下身则是各种靓丽的裙子，还有小袄、大袄、坎肩、披风等多种搭配。此外，比甲、褙子在清朝初年也比较流行，到清后期，则流行上衣下裤的穿着。

通草画《清朝官员夫人》
年　代：清代
馆藏地：广州博物馆

画中的官员夫人，上身披云肩，穿大袖袄、下身着马面裙，这是当时上层社会的经典穿衣潮流。

黑漆描金彩绘人物故事图折扇
年　代：清代
馆藏地：广州博物馆

古人常说的衫与袄，又有什么不同呢？它们之间的区别，其实就是一个薄一个厚，所以衫多在夏天穿，袄有里子，在冬天穿保暖。上衫下裙是清代广州女子最喜欢的穿着搭配，譬如这幅扇画中，站着两名面容姣好的女子，两人都梳着高髻，左边的上身穿浅绿色长衫，搭配白色马面裙，右边的则穿红色长衫，下穿浅绿色马面裙，端庄且漂亮。

广州女子钟爱长裙。明代流行的裙子款式，到清代仍然是爆款，比如马面裙、月华裙、百褶裙，还有马尾裙、弹墨裙、凤尾裙、红喜裙等。广州女子的衣橱里，漂亮的裙子是不能缺少的。

云肩也是装扮时不可或缺的。这种饰品在明代出现，至清代时制作工艺已是炉火纯青了。女子通常将它穿戴在肩颈上，开始时多在婚庆喜宴、节日等场合使用，后来则突破了这种限制。

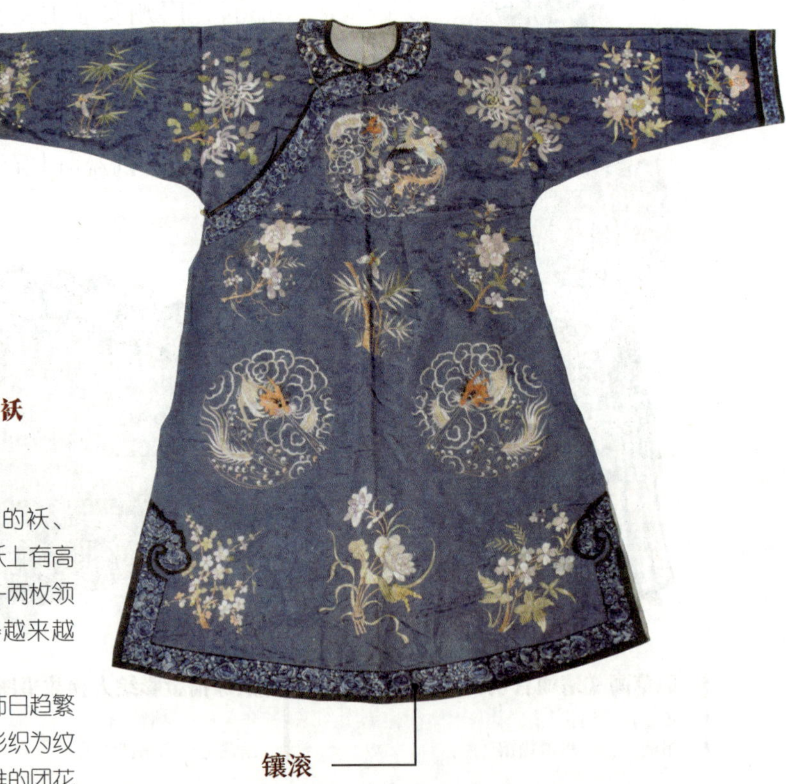

钴蓝缎地绣龙凤花卉纹女袄

年　代：清代

馆藏地：广州博物馆

清代，广州女子所着的袄、衫，以大襟为多。这件女袄上有高约寸许的领子，领上装有一两枚领扣。后来，女袄领子变得越来越高，直到把脖子全部护住。

女袄发展到清末，纹饰日趋繁复，往往用丝绣、捻金或彩织为纹样装饰，色泽崇尚清淡素雅的团花图样，图案秀美，衣服边上还加了防止磨损的花边，称镶滚。

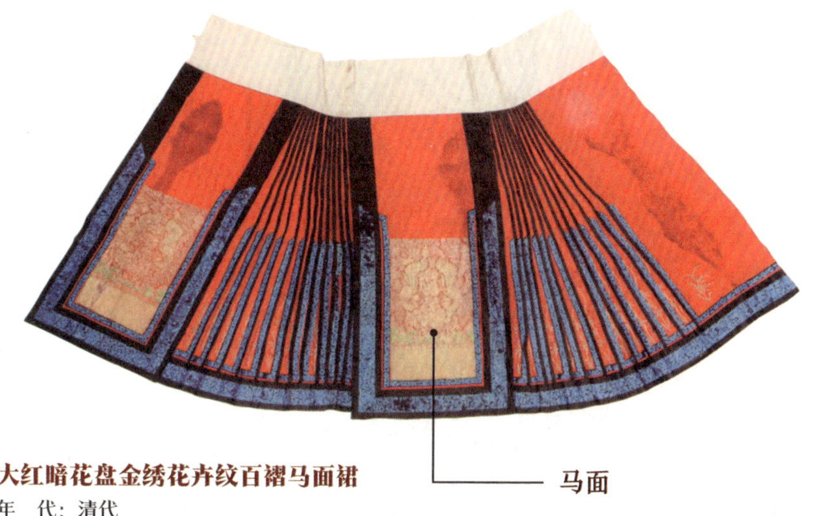

大红暗花盘金绣花卉纹百褶马面裙
年　代：清代
馆藏地：广州博物馆

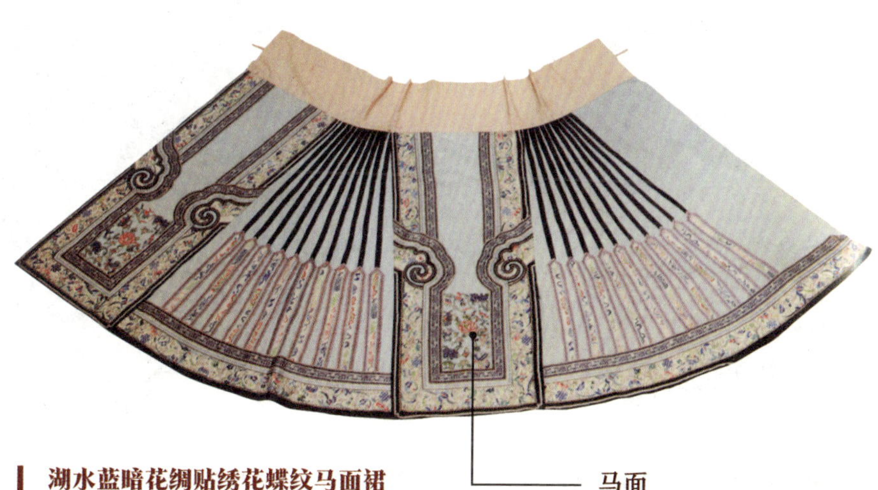

湖水蓝暗花绸贴绣花蝶纹马面裙
年　代：清代
馆藏地：广州博物馆

当下热门的马面裙，是汉族的传统女服，起源于宋代的旋裙，明清时期便已是中国女子的标志性裙式，延续到民国时期。它由中间的马面和两侧的褶裥组成。那么，马面和成语“牛头马面”中的“马面”有关系吗？其实，“马面”是一种建筑名称，指的是城墙体系中，凸出于墙面外的墩台。因为它与平直的裙门相似，所以这种褶裙就俗称“马面裙”，和“牛头马面”没有关系。清代的马面裙一改前代的清雅淡素，追求华丽富贵的格调，裙面刺绣花样丰富，缎边装饰考究，凸显了中国传统女红技艺的精湛。当时，与马面裙搭配的，一般是立领偏襟大袖袄。

白地绣花蝶纹四合如意形云肩
年　代：清代
馆藏地：广州博物馆

通草画《卖花妇人》
年　代：清代
馆藏地：广州博物馆

清末，裤装流行。这种裤装的裤管肥大，有钱人家的女子多会在裤脚处镶滚花边。画中这位在广州大街小巷吆喝卖花的妇女，身穿一件蓝色薄衫，下穿红色阔腿裤，裤脚没有镶滚花边，双脚没穿鞋，显然出自底层人家。

盘金银绣仙鹤花卉纹四合如意形云肩
年　代：清代
馆藏地：广州博物馆

云肩，一种名字空灵缥缈的织物，是古代的女性披肩，原型出现在敦煌壁画中。宋代之后，云肩成为汉族服饰文化中一种独特的款式。在清代盛行精致华丽的风气里，云肩也呈现出精美繁复的气象，像云彩一样灿烂。晚清时期，云肩的使用突破了婚礼节庆的限制，在日常场合中的使用越来越多。广州的满、汉女子时兴低且大的垂髻，为了防止头油沾染衣服，人们开始改良云肩：用绒线编织一些小型的云肩，披在肩上遮盖衣服。

小知识

风靡全球的广绣披肩

今天，许多人都喜欢披着披肩拍照，既好看，又能防风保暖。鲜为人知的是，在清代，广州生产的广绣披肩可是享誉世界，在西方被称为“中国披肩”或“马尼拉大披肩”——广绣大披肩在西班牙及西班牙属殖民地的特有称呼。

为什么这种产于广州的丝织品会和菲律宾的马尼拉有关系呢？这和当时的商品流通有关。广绣披肩在广州生产后，先是运到马尼拉集运，然后再从马尼拉分发到欧美各地市场。经几次转运之后，欧洲人只知大帆船上的货物都来自集运港马尼拉，而不知其原产地，因而称其为“马尼拉大披肩”。

广绣披肩艺术风格鲜明，全部为正反图案完全一致的双面刺绣，线头巧妙地藏在针脚中，不露痕迹。构图一般是中心对称，纹样设计多采用变形较大的缠枝花和写实味浓的折枝花，如牡丹、大洋花，其间穿插梅花等小花以及叶蔓等，用色大胆鲜艳，形成花团锦簇、错落有致的视觉效果，彰显富丽堂皇。

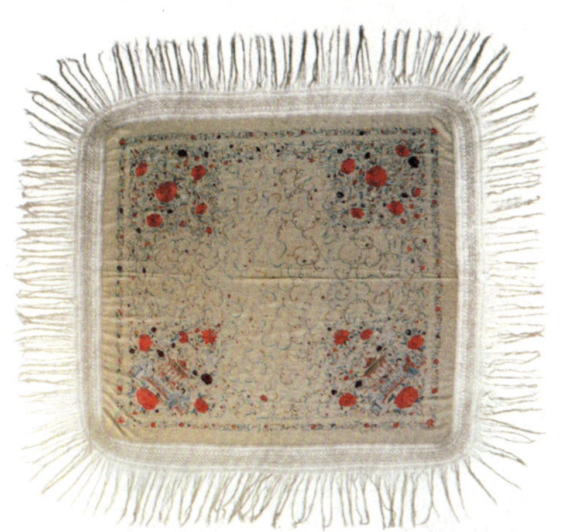

清代　奶白绸地绣花卉纹披肩
（广州博物馆藏）

清代　黑绸地绣庭院人物纹披肩
（广州博物馆藏）

第二章

广府味道

俗话说：国以民为本，民以食为天。广州人爱吃、会吃早已全国闻名。这是有历史渊源的。那么，广州先民的餐桌上，都曾出现过哪些美食佳肴呢？

早在新石器时期，先民就在这片沃土上捕鱼、打猎、种植稻米。自秦汉开始，大批中原汉人迁入，广州地区开发加速，农业发展进入新阶段，许多作物被驯化，但刀耕火种的原始耕种方法仍是主流。

唐宋以后，由于岭南地区人口增加，为获得更多的耕地，人们开始在珠江三角洲的一些河道附近修堤围田。明清时期，围海造田、开辟沙田成为一股热潮，桑基鱼塘模式得到了推广，蔬菜、水果、甘蔗、花卉、茶等经济作物被大规模种植，加上地利之便，各地食材辐辏，很多广州人家实现了美味自由。后来名扬四海的粤菜，也在这一时期萌芽。

佳肴上桌，得靠炊具。那些出土于不同时期的各种陶制、铜制等炊具表明，广州先民已会用煮、炖、蒸、烤、煎、炸等方式烹调食物。而且，从汉代起，包括姜等在内的调料，不断被推陈出新，与琳琅满目的果脯蜜饯一道，持续滋养着人们的味蕾。

丰富的食材

远古时期，靠河近海的越人常吃的是米饭和鱼肉，这种饮食搭配，即古书上所说的“饭稻羹鱼”。汉代以后，随着中原耕种技术和农具的引进，广州的农业逐渐发展起来。人们大面积种植水稻，养殖家禽牲畜，捕捞、养殖各种水产，食物种类丰富起来后，普通人家在靠稻米、薯蓣等填饱肚子的同时，逢年过节，也有机会吃上肉，打打牙祭。

经过长期的发展，到了唐宋时期，广州成为远近闻名的粮仓，甚至有了以“米”字命名的米市路。明清时期，广州是重要的商品粮和各类经济作物的生产基地，农村的市集也很繁荣，著名的墟市有猎德、新塘、新造、菱塘、沙湾、市桥等，米、肉、菜铺也很多，各种家禽牲畜、果蔬都能买到了，甚至还有各种从远洋捕捞回来的水产品。

现在，就让我们穿越回到古代，从文物里想象广州先民餐桌上的美味吧。

清代　通草画《收成》（广州博物馆藏）

（一）成为鱼米之乡

广州地处珠江三角洲腹地，亚热带海洋性季风气候明显，温暖多雨、光热充足，河流众多，农业生产条件优越，适合水田耕作。

大约在四五千年前，广州人就用简单的工具开荒，种植水稻。从那个时候起，人们的餐桌就离不开这种神奇的谷物了。

经历了由秦汉到唐代的发展，广州的农业厚积薄发，到宋代时，还引进了耐旱、耐贫瘠的占城稻，作物也能一年两熟乃至三熟，仓实廪富。

明清时期，聪明的广州人充分利用大自然的馈赠，创造了沙田围垦、基塘农业等生产新模式，同时引进国外新作物、培育佳果、养殖海产，广州由此成为远近闻名的鱼米之乡。

双肩石锛
年　代：新石器时代晚期
出土地：广州从化吕田狮象遗址
馆藏地：南汉二陵博物馆

这两块看起来像是被人打磨过的石头，形状如铲子，在考古学家的眼里，它们都有一个共同的名字：锛。它们的主人，是4000多年前的广州先民。这种用石头磨制而成的工具，用途可多着呢，开荒、挖土都可以，有点类似后世的锄头，是当时农业生产，如水稻种植的重要工具。

陶田

年　代：东汉
出土地：广州番禺龟岗
馆藏地：番禺博物馆

古代，广州农民是怎样耕种的？这件陶水田生动地展示了当时农人劳作的情景：在小小的水田里，六位头戴笠帽的农夫正在劳作，或低头，或弯腰。田埂上还有两名劳动者，可能是在巡察田地和修葺农具。农田的四边砌有田埂，内砌十字田埂，形成田字形地块，其中三块小田地另砌有斜向田埂。

陶水田

年　代：东汉
出土地：佛山澜石
馆藏地：广东省博物馆

陶水田展示了东汉时期珠江三角洲夏收夏种之际的田园景象：在被田埂整齐分成六方的农田里，刚收割完的稻田已翻土耕作，两具铁犁搁在一边，农夫忙于播种、修理农具。水田旁边有一小艇，或是将肥料运到田间，或是载回收获的稻谷，呈现了插秧和收割同时进行的场景，说明双季稻已出现于当时的珠三角地区，这意味着粮食产量在增长。

"永嘉"铭文砖

年　代：晋代

出土地：广州西村孖岗

馆藏地：广州博物馆

难以想象的是，这两块铭文砖上竟然记载了广州人一段生活安稳的历史。左侧的铭文砖上写着“永嘉中，天下灾，但江南，皆康平”，说的是在西晋永嘉年间（307—313），全国都遭受了灾害，只有长江以南康乐平安；右侧铭文砖写的是“永嘉七年癸酉皆宜价市”，意思是在西晋永嘉七年（313），广州地区的米价平稳。两段记载表明，两晋南北朝，在北方陷入混乱的时候，广州正处于安定富足的时期，吃喝有保证。

通草画《割稻》

年　代：清代

馆藏地：广州博物馆

“锄禾日当午，汗滴禾下土”的诗句大家都不陌生。这幅通草画反映了清代广州农民收成之时的喜悦场景。这是明清时期广州发展蒸蒸日上的写照。那时，这座岭南的中心城市开始崛起，农业在这一时期发展迅速。农民修建了一大批农田水利设施，改进了耕作栽培技术，大规模饲养家禽家畜，建造桑基鱼塘养鱼植桑，为人们的餐桌提供了更多新鲜、美味的食材。

小知识

五羊传说

清代　苏仁山
《五羊仙迹图》
（广州艺术博物院藏）

五仙观现址始建于明朝，是一座祭祀五仙的谷神庙，缘起于“五仙骑羊赠稻穗”这个在广州城里脍炙人口的故事。相传东周夷王时期，广州大旱，无法种植农作物，百姓遭遇饥荒，唯有向上天祈祷。或许是被百姓的虔诚所打动，五位仙人从天而降。他们身着五色彩衣，分别骑着口衔一棵稻穗的仙羊。仙人把稻穗送给了百姓，并宣布此地将免于饥荒，随后便消失于天际，留下的五只羊变成了石头。从那以后，广州年年丰收，逐渐成为中国繁华的城市之一。自此，广州有了“羊城”“穗城”的称号，这是农业时代留给广州的有美好寓意的代称。人们通过艺术及建造庙堂的方式，记录下了这段传说。

清末　五仙观
（FOTOE供图）

现代　五羊石像
（FOTOE供图）

（二）丰富多样的主食

广州的味道里，最接地气且本地人日常三餐须臾不离的，是街头常见的四样小食：粥、粉、面、饭，人称“四大天王”。这些小食主要的原料是稻米，这与广府文化的源头——五羊衔谷神话吻合。没错，广州人的主食，从“有米”开始，自先秦一直流传至今天。

对广州人来说，稻米不仅可以蒸、煮做成米饭、米粥，还可以用于酿酒、制粉、制作各类糕点，是本地人们日常饮食中的主角。因为重要，“米”甚至被当作财富的象征，如在广州的本地文化中，得益叫做“得米”，亏损谓之“倒米”，谋生则称“揾米路”，“有米”代表有钱。

碳化水稻
年　代：新石器时代
出土地：广州黄埔茶岭遗址
馆藏地：南汉二陵博物馆

在黄埔的茶岭、甘草岭等遗址，都出土了稻谷遗存，甚至还有北方的传统作物——小米的遗存。这些人工栽培的粮食作物标志着原始农业的出现，可以初步解决当时人们的“吃饱”问题，维持着聚落的产生和发展。从水稻作物的传播路径分析，考古学家认为，新石器时代广州先民种植的水稻，可能来自长江中下游地区。

另外，秦汉以来，随着大量中原人的南迁，北方传统的农作物也传入了岭南地区，广州人的主食，除了稻米，还夹杂着粟、麦、麻、菽等来自北方的粮食作物。唐宋时期，馄饨、面条、面饼就出现在广州街头了，那时人们的主食结构已和今天相差不远。

陶舂米俑（左）、簸米俑（右）

年　代：东汉

出土地：广州景泰坑

馆藏地：广州博物馆

你可知道，古人吃上一顿米饭有多难？这两位俑人给出了答案：他们得先舂米，再筛糠，收获了白花花的大米后，才能煮饭或粥。舂米时，需要手持棒槌上下反复敲打谷子，将谷壳与米分离，然后用簸箕筛糠选米。这一过程并不复杂，但绝对是个力气活。

陶囷
年　代：东汉
出土地：广州越秀东山
馆藏地：广州博物馆

陶囷
年　代：晋代
出土地：广州黄埔姬堂 2 号墓
馆藏地：广州博物馆

随着农业生产力的提高，一些农户有了余粮。于是，人们建造了专门存储粮食的建筑——囷。这两件陶囷是仿照实物形状制作的模型器，围壁划有类似竹木结构的线纹，显示实物是用竹席、木柱结构而成的。东汉的陶囷还设有四足，这种结构可助陶囷通风防潮，适合南方潮湿多雨的气候。

俗语“四体不勤，五谷不分”说的是一个人怕走路、怕干活，连五谷也分不清了。你能不能认出这些作物呢？试一试将这些粮食作物的绘图和它们的名称对应连线吧。

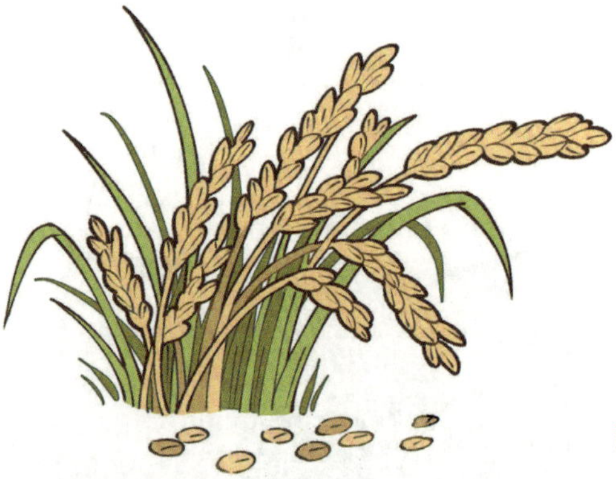

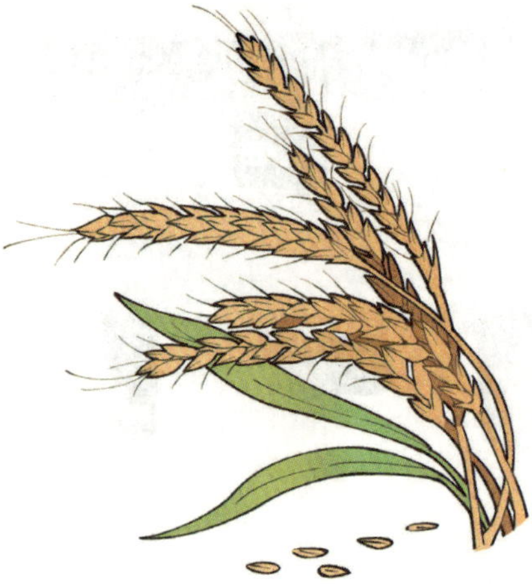

稻谷

麦子

黍

稷

菽

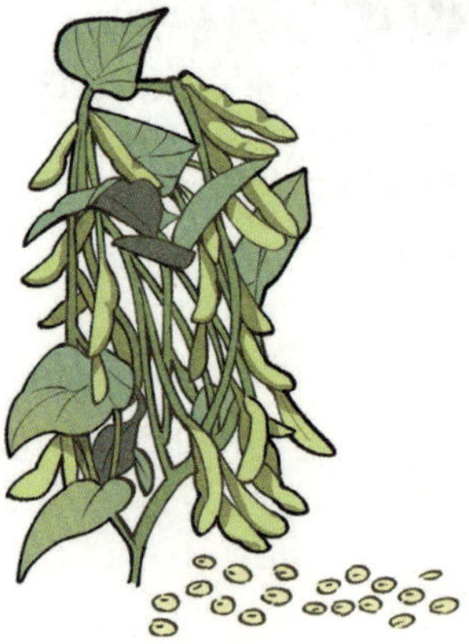

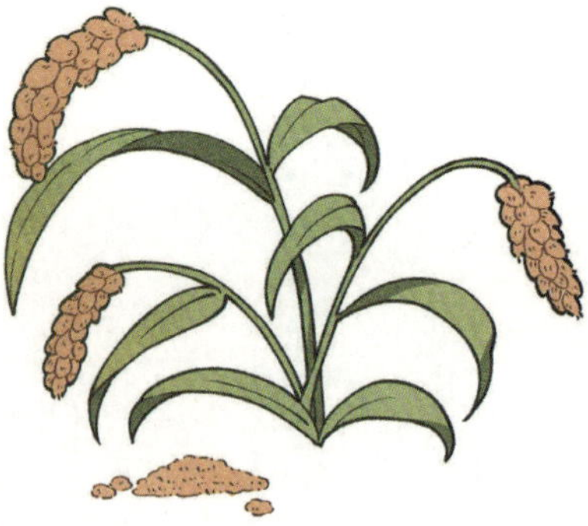

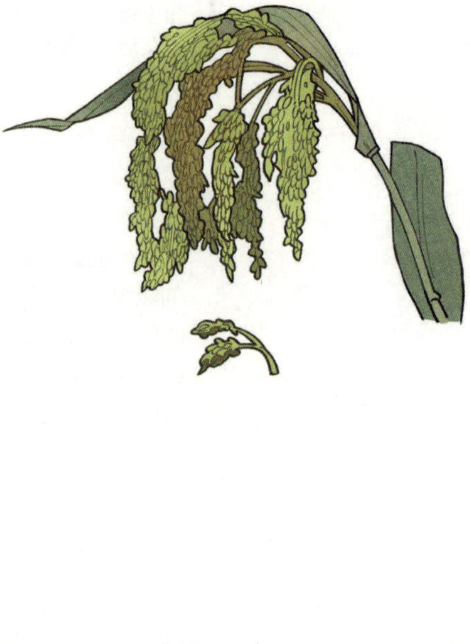

（三）想吃肉，不容易

古代社会生产力低下，资源有限，人们想要吃上一口肉，不容易。战国时期的学者孟子甚至将“七十者可以食肉矣”当作理想社会到来的标志。

在吃肉这件事上，广州先民花费了不少心思。

先秦时期，越人以渔猎采集为生，每天能吃上什么肉，得靠运气。

秦汉时期，广州地区的畜牧业得到了很大的发展，人们有了一定的吃肉自由：大量出土的泥塑家禽模型，以及南越文王墓、南越国宫署遗址、广州郊区的一些汉墓出土的动物遗骸，表明牛、猪、羊、鸡、鸭已是当时人们重要的肉食来源。略有不同的是，当时北方人不常食用的猪肉，被广州人视作珍馐。

东汉　陶牛圈
（广州博物馆藏）

陶牛
年　代：西汉
出土地：广州海珠大元岗
馆藏地：广州博物馆

陶鹅

陶猪

陶鸡

陶鸭

陶猪

陶鸡、陶鸭、陶猪、陶鹅
年　代：东汉
馆藏地：广州博物馆

这些呆萌可爱的鸡、鸭、鹅、猪、牛俑，是当时广州地区普遍养殖家禽与牲畜的历史写照。无论是在南越文王墓、南越国宫署遗址，还是广州郊区的一些汉墓，都出土了很多动物的遗骸，说明当时已有了一定的肉食供应。

在汉代，人们餐桌上地位最高的肉食，当属牛肉、羊肉和猪肉，当它们被用作祭祀品时，还有个专称："太牢"，或称"三牲"。后来，它们的命运各有不同。羊肉一直被视作珍品，牛则在铁农具出现后，被赋予了耕地的历史使命，一度被法律禁止食用。而广州人培育的耳小、身肥、头短的优质华南猪，常被人们做成香喷喷的烤乳猪，为人间美食。家禽之中，鸡、鸭、鹅最受广州人推崇。

唐宋以后，广州人在吃肉这件事上火出了圈。当时人们好吃野味，以及各种生猛河鲜、海鲜，这令来到岭南的文人们大开眼界，并留下了许多精彩记录。

明清时，人们利用基塘、河海滩养鱼、虾、鸭子等，肉食供应已较为稳定，也刺激了消费。明朝中后期一位叫克鲁士的葡萄牙传教士，以详细的笔墨记录了广州城“大块吃肉”的景象：一天要消耗五六千头猪以及一万多只鸭子。即使如此，对于人数更多的农民来说，吃肉依然是个高门槛的享受。

陶鸡屋
年　代：晋代
出土地：广州黄埔姬堂 2 号墓
馆藏地：广州市文物考古研究院

在广州乡村，养鸡和养猪的历史源远流长。这个晋代的陶鸡屋模型是一个很好的证据：它呈长方形，屋顶简单覆盖稻草，中间的墙把屋子分隔为两部分，设有开敞的大门，左边养猪，右边养鸡，分别有农夫喂食。在小农经济时代，这些自养的猪和鸡，是很好的肉食补充。

通草画《卖猪肉、莲藕图》
年　代：清代
馆藏地：广州博物馆

图中所画的场景，与今天的菜市场非常相似。猪肉贩子正按照顾客的要求，在案板上切割猪肉，其身后的箩筐里盛放着一个大猪头。顾客买了猪肉，再带上一节莲藕，美味的猪肉炖藕大餐就有了。清代，广州地区及周边养猪业较盛，广州市区沿濠涌开设有专供出售肉猪的猪栏。

值得一说的是，以鸡为肉食来源，于广州实在是源远流长。从新石器时代起，鸡肉就已是一些人家的重要肉食。到了秦汉时期，养鸡已有了一定的规模。今天广州人说的“无鸡不成宴”，是几千年来吃鸡文化的一个沉淀。

通草画《鸭艇》
年　代：清代
馆藏地：广州博物馆

广州河道众多，适合鸭群生长。在田间和浅滩放养鸭子是珠三角地区常见的养殖活动。明清时期，广州地区出现了以船载鸭的养殖方式。鸭船（鸭艇）船体的左右两边各设一列竹编鸭排，可供五六百甚至上千只鸭子栖息，说明养殖规模是比较大的。这些在河里或田间放养的鸭群，吃的主要是一种小螃蟹——蟛蜞。这种小螃蟹繁殖快，会危害庄稼，却是鸭子的美食。

（四）最爱是海鲜

俗话说：“靠山吃山，靠海吃海。”广州靠河近海，水网发达，水产无疑是本地人重要的食物来源之一。

先秦时代，广州先民就喜欢吃鱼类及蚌、蛤、螺等贝类。到了南越国时期，河鲜、海鲜可能是贵族和老百姓餐桌上不可或缺的，一个可见的例子是，在南越文王墓出土的动物遗骸中，水产动物占到70%，包括常见的广东鲂、大黄鱼和鲤鱼。

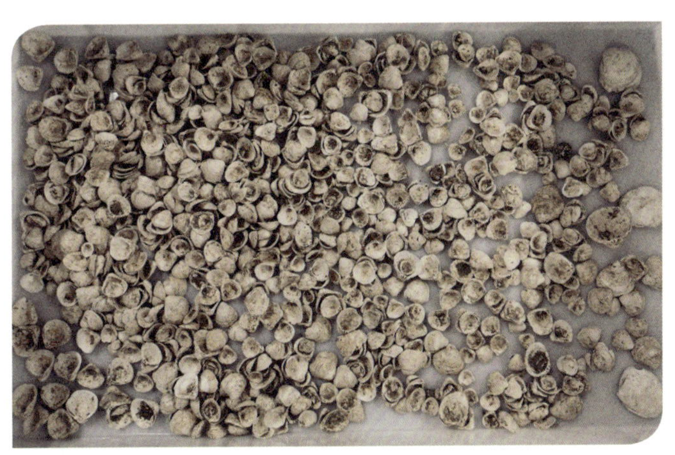

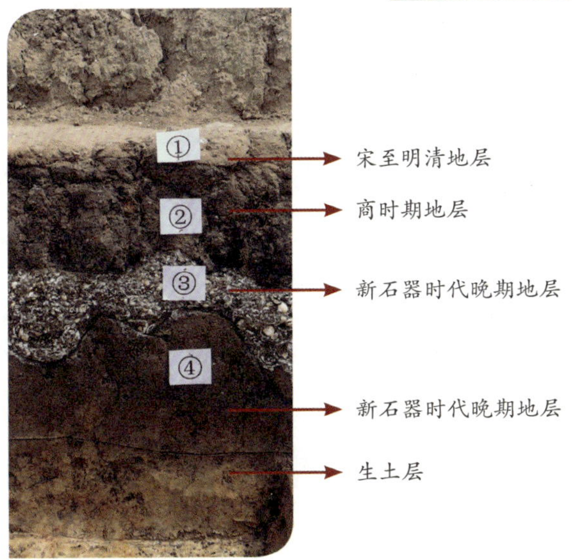

淡水河蚬标本

年　代：新石器时代
出土地：广州增城金兰寺遗址
馆藏地：广州市文物考古研究院

金兰寺遗址出土了成千上万堆积的蚬贝，这种淡水生物的出现，表明在4000年前，这个地方已经基本上以淡水为主，海水已经退到更南的地方。古越人食用贝肉后，便把贝壳集中堆积在住地边上，年年如此，代代如是。几百年过去了，贝壳越积越多，成为贝丘。左图③标示了贝壳堆积在地层中的位置。

陶网坠

年　代：西汉
出土地：南越文王墓
馆藏地：南越王博物院

你知道吗，南越文王赵眜可能十分重视渔捞！在南越文王墓的西耳室，出土了620件陶网坠！它们均为长椭圆形，两面各有凹槽，用于捆扎。根据推测，这些陶网坠所附着的鱼网，张网面积可不小，需要由多人协同操作，效率可比钓鱼高多了。不过，此时生活在岭南的人口远比先秦时期要多得多，在民间，渔猎在生产领域已经退居次要地位了。

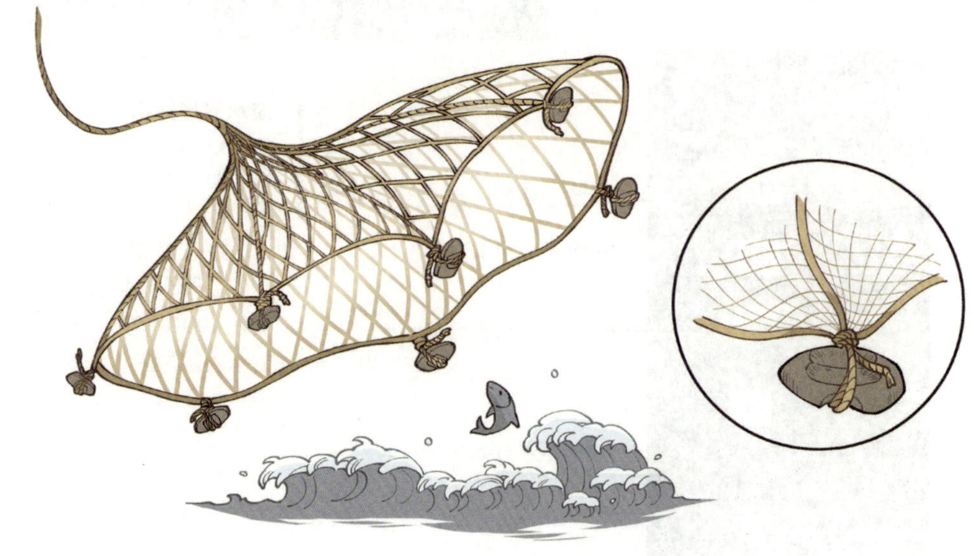

陶网坠使用示意图

耳状海螺 沟纹笋光螺 青蚶
年　代：西汉
出土地：南越文王墓
馆藏地：南越王博物院

是否可以想象一下，南越文王的河海鲜宴席有多气派？在南越文王墓，出土了许多河、海动物的遗骸。考古学家从中鉴定出多种动物，其中贝类有耳状海螺、沟纹笋光螺、青蚶、楔形斧蛤、河蚬等，鱼类有大黄鱼、广东鲂等，还有中华花龟，等等。这些都说明，墓主南越文王赵眜是个不折不扣的河、海鲜食家！他最爱吃的，应该是青蚶，在他陵墓后藏室里的铜鼎、提筒、铜鍪、陶罐等容器内都装有很多这类贝壳。

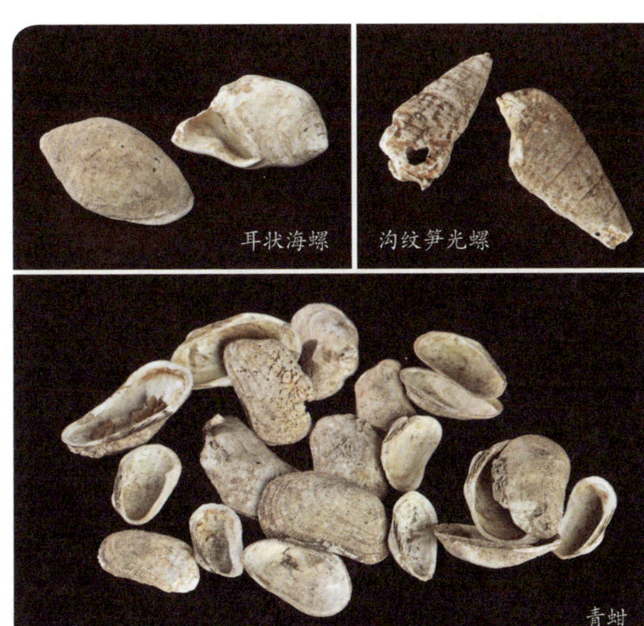
耳状海螺　沟纹笋光螺　青蚶

唐宋之际，随着农业和渔业的发展，岭南地区可以捕捞到的海鲜品种比以前更为丰富。据唐代刘恂的《岭表录异》记载，岭南地区人们可以吃到的海鲜有乌贼鱼、石首鱼、蛇鱼、龙虾、水蟹、蚝、水母等，而虾生、姜葱蒸鱼、炙烤蚝肉等原汁原味的吃法，也让这位北方人大开眼界。

明清时期，海鲜产品更为丰富，滩涂养殖的海鲜和远洋捕捞的珍贵海货，再一次丰富了人们的餐桌。后来，用生猛海鲜作为食材逐渐成为广府菜的一大特点。

通草画《捕鱼人物图》

年　代：清代

馆藏地：广州博物馆

渔夫赤着双脚，肩扛一个网兜，脸上布满了辛勤劳作所致的皱纹、疤痕。他所扛着的网兜太小了，捕鱼有限，只能满足自家人食用。当时，一些渔民已用上了大型的捕捞工具，包括罛和罾，都比网兜大许多，可以捕捞到更多的鱼虾，满足更多人的饮食需要。

通草画《刣墨鱼图》

年　代：清代

馆藏地：广州博物馆

明清时期，广州各墟市贩卖鱼鲜的小摊档很多。沿海渔民常常出海捕鱼，甚至能深入南海腹地，所获海鲜品种丰富。比如这幅图里鱼贩手中的墨鱼，就来自于较深的海域中，是当时优质的食材。在清代中期，墨鱼与大黄鱼、小黄鱼、带鱼一起，并称为中国的四大海洋经济鱼类。

（五）果蔬这边独好

广州大部分区域地处北回归线以南，长夏无冬，雨热同期，降水充沛，土地肥沃，利于植物生长。先民们充分利用自然提供的便利，在田间、山地、池塘、水泽等地方，栽培出多样的蔬果品种。在肉食稀缺的年代，稻米与果蔬成为广州先民最重要的果腹之物。

那么，各个时代的广州人能吃到什么品种的果蔬呢？

据考古发现和文献记载，我们可以知道，秦汉早期的广州人，能吃到薯蓣（大薯）、芋头、莲藕、茄子、菱角、竹笋、冬瓜、姜、韭菜等蔬菜。进入汉代以后，世界各地的人们通过海路、陆路频繁交流，各种前所未见的外域蔬菜也被带到了广州

葫芦、葡萄、罗浮柿、甜瓜、荔枝、杨梅等种实

年　代：西汉南越国

出土地：南越国宫署遗址

馆藏地：南越王博物院

南越国的王公贵族们是懂得享受生活的。在南越国宫署遗址出土了许多植物种实，包括葫芦、葡萄、罗浮柿、甜瓜、荔枝、杨梅、橄榄、乌榄等，都是来自可供食用的佳果。值得一提的是，据史料记载，南越武王赵佗曾经将荔枝进贡给汉高祖刘邦。

陶制岭南佳果像生
年　代：五代十国
出土地：广州番禺南汉康陵
馆藏地：广州市文物考古研究院

所谓“像生”，就是仿天然产物制作而成。这些像生水果中，很多都是岭南本地物种，比如香蕉、鸡心柿、木瓜、桃子、茨菰、荸荠等，它们有可能是南汉宫廷的祭祀用品。上述物种长于田间地头，老百姓也不时有机会尝食。

人的餐桌上。比如来自西域的各种带“胡”字的蔬菜胡萝卜、胡瓜（黄瓜）和胡蒜（大蒜）等，又如带“番”或“洋”的番茄、番薯（红薯）、洋葱、洋白菜（卷心菜）等，另外还有今天常见的菠菜、茼蒿、莴苣、茴香、辣椒、土豆等。蔬菜品种多了起来，广州的街市中还出现了精美的素食馆。

广州一直是南方佳果的重要产地，那些甘甜芬芳的果子，先民们没有错过。据文献及出土资料，古时广州盛产荔枝、龙眼、柑橘、香蕉、橄榄、甘蔗、杨梅、桃、李子，特别是荔枝，可以说是广州乃至岭南的一张名片。明清时期，广州先民大规模种植各种果树，收成除了自己食用或者进贡朝廷，还会运到市场去售卖，甚至加工成果脯。

通草画《卖草莓、鲜花图》
年　代：清代
馆藏地：广州博物馆

穿蓝色上衣的男子双手托举着一箩草莓沿街叫卖，身后，一个扎着小辫子的儿童正追赶问价，显然是被这新鲜的草莓吸引了。

小知识

火出圈的荔枝

如果要问古代岭南最火的水果是什么，那么荔枝绝对能上榜！它的外表鲜红可人，果肉晶莹剔透，酸甜可口的绝佳风味征服了多少帝王将相、才子佳人。

早在汉代，雄才大略的汉武帝为了吃上一口新鲜荔枝，从岭南地区移植了一百多棵荔枝树到长安，并专门建造了一座名为扶荔宫的宫室，配备了数百名园艺师精心打理。但因为长安城的气候与土壤不适合荔枝生长，果树接连枯萎了。

唐代时，荔枝更是引出一段帝王妃子的佳话：杨贵妃嗜好荔枝，为了满足爱妃的心愿，唐玄宗特意命人日夜兼程从南方呈送荔枝进宫。大诗人杜牧有感而发，留下了“一骑红尘妃子笑，无人知是荔枝来”的诗句。有人认为，那些荔枝来自岭南。

北宋大文豪苏轼流放岭南时，虽然日子清苦，但遇上了吃荔枝的时节，留下了“日啖荔枝三百颗，不辞长作岭南人”的不朽诗篇。

至此，荔枝扬名中国，成为岭南地区的名片之一。

清乾隆　广彩描金徽章折枝荔枝纹八角形瓷盘
（广州博物馆藏）

小小饮料大智慧

饮食是人类赖以生存的基本条件。所谓饮食，简单点说，就是吃和喝。前面说了广州先民吃什么，这里则说他们喝什么。

首先是最基本的饮水问题。远古时代，无论是河水、泉水甚至是雨水，人们都是直接饮用，只有在寒冷的冬季，才会把水烧开了饮用。后来，广州筑城，由于濒临海边，常受咸潮影响，珠江河水有时咸苦异常。为了解决水源问题，人们开凿水井，或者引山泉水入城，喝上了干净的饮用水。

要说人类餐桌上重要的佐餐饮品，非酒莫属，古今中外都一样。酒出现得比较早，在广州地区，早期越人就发现水果、粮食在自然发酵后，会形成风味、口感甚佳的饮品，于是，水果酒、米酒之类的饮料就出现了。到了汉代，大量中原移民来到广州，刺激了酿酒业的发展，也带来了豪饮之风。明清时期，广州地区的酿酒工艺又上一个台阶，美酒佳酿异彩纷呈，人们饮酒热度不减，其中酒税还成为明代广州府的一项重要收入。

清代　通草画《茶叶图》
（广州博物馆藏）

另一种重要的饮品是茶。唐宋以后，喝茶是一种风尚。假如穿越回到唐代的广州，你会惊讶地发现，人们喝茶与今日大为不同，古书称其为煎茶。到了宋代，则流行点茶。明代以后，广州人喝茶变得简便起来，与今天很相似了。到了清代，广州街头出现了各种茶楼，上茶楼饮茶成为老广们的时髦社交方式。

（一）掘井而饮

水是人类最基本的饮品。今天，我们想获得干净的饮用水，只需拧开水龙头即可，可是古代城市没有自来水系统，古人是怎么饮水的呢？广州先民最开始是依水而居，直接取水饮用，后来是凿井而饮、引渠入城取水饮用。古代广州城内散落着的大大小小的水井、水渠，滋养了世世代代的城中居民。在越秀应元路广东省科学馆内的粤王井（又称九眼井）是广州现存最古老、最有名的一口井，相传为第一代南越王赵佗所开凿。海珠下渡路的杨孚井、荔湾下九路西来初地后街的五眼井等，都是广州有名的古井。

陶井
年　代：东汉
出土地：广州建设新村
馆藏地：广州博物馆

2000多年前的广州先民主要饮用井水，因此，水井是必备的生活设施。这口东汉年间的陶井明器，井栏圆形，还设有井亭，以保证井水的卫生。

陶水井
年　代：西晋永嘉年间
出土地：广州黄埔姬堂3号墓
馆藏地：广州市文物考古研究院

这口水井呈圆筒形，子口形成井栏，一个头戴冠帽的人俑正站在井栏旁提水，一手扶着栏杆，一手握绳，长绳及井底，还连着一个带有提梁的汲水斗。

类窖穴水井 → 木构方形浅井 → 瓦顶避雨水井

古人保护水源示意图

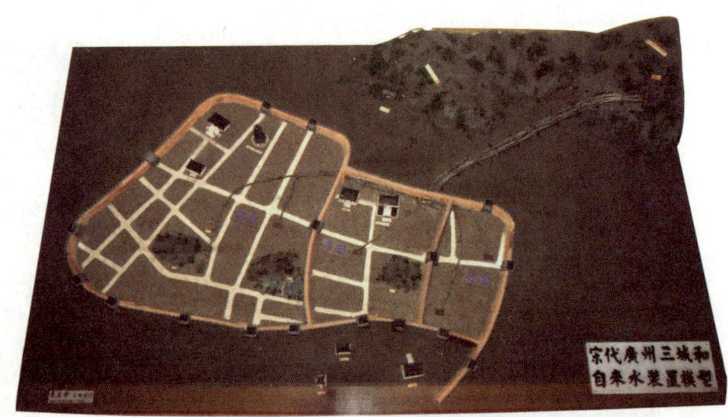

宋代广州三城和自来水装置模型
（广州博物馆藏）

石水笕题刻
年　代：南宋
馆藏地：广州博物馆

石水笕是指石制的引水长管，安置在檐下或田间。古代广州秋冬季节雨水较少，珠江又受海潮倒灌影响而咸苦，难以饮用。为解决饮水问题，北宋大文豪苏东坡曾建议用竹管引白云山泉水入城，这件文物正是南宋绍定三年（1230）广州人用石制引水管道引水入城的物证。上图是引水入城的模型图。

(二) 岭南醇酒

酒，儿童与少年喝了会伤害身体，却是成人宴会时常见的饮品。

汉代，国家安定，农业生产有序，人们有多余的粮食酿酒，所以喝酒的风气盛行一时。偏安岭南一隅的广州，也未能免俗，最直观的证据，就是这里的汉墓出土了大量酒器，其中有盛酒的酒樽、酒桶，倒酒的酒壶，喝酒用的酒杯。唐代，中原人豪饮之风也影响了广州，这里街头与路边的酒铺随处可见，每天从开门到打烊，酒客满座。人们甚至还发明了一种饮酒方式——“滴淋”：每次开一坛新酒前，都会在封泥上钻一个孔，插入芦管，让顾客免费啜两口试味，这种推销酒的方式吸引了无数的酒鬼。到了明清时期，广州的社会较为繁荣，人们也玩出了酒文化的新高度：当时士绅盛行“乡饮”，乡贤儒生，欢聚一堂，把酒言欢，座次和饮酒程序都有一套流程规范，人们希望通过这样的方式起到和睦乡邻、尊老爱幼的作用。

陶提桶
年　代：东汉
出土地：广州龙生岗
馆藏地：广州博物馆

这件陶提筒，肚子鼓鼓的，里头装的是什么宝贝呢？原来里面藏着近半筒的高粱，器盖内还有墨书“藏酒十石令兴寿至三百岁”，字面解释就是这里藏着十石酒，现在拿来祝寿，希望主人能长命到三百岁。在古代，高粱既可供食用，也是酿酒原料。广州本不产高粱，但在南迁北方人的影响下，这里的人们也有样学样，酿出高粱酒，还习惯在宴席上饮用此酒。

与别处不同的是，古代的广州人喝酒，主要不是应酬，而是想滋养身体。为了那一口酒香，人们想方设法捣鼓出各种药酒、水果酒、烧酒等。当时，广州还流行一种“女酒”——人们在女儿年幼时酿酒并深埋窖中，当女儿出嫁时再开封品尝，据说酒香浓郁。另外，这里还流行以糖为原料的烧酒以及薯类烧酒，远近闻名。

铜温酒樽

年　代：东汉
出土地：广州沙河顶
馆藏地：广州博物馆

这件饰有孔雀钮的铜温酒樽，用途可不简单。根据学者们的推测，这里说的“温酒”，并不是指把酒加热，而是指“醞酒”——古代一种反复重酿多次的酒，以使酒味醇厚。这种佳酿原本流行于中原地区，但聪明的广州人很快就掌握了酿造方法，并让它流行于市。那么，这樽里，是否曾盛过“女酒”？

银质莲瓣印花高足杯
年　代：唐代
馆藏地：广州博物馆

唐代，中原与西域来往密切，西域的金银器受到人们的追捧，内地工匠也纷纷吸收西亚、中亚金银器工艺、造型和纹饰，锻造出种类多样的酒具。这只异域风情的高足杯上，所刻画的莲瓣纹有佛门圣洁的含义。那时的广州人，或许不少就用这样精美酒具豪饮。

那时的广州人有多喜欢喝酒呢？据宋人引曾任职广州的刘恂所著的《岭表录异》说："大抵广州人多好酒。"他还具体描述说，每天晚市结束后，都可以看到二三十位喝醉的人倒卧街头，男女都有。

（三）满城茶香

今天，饮茶、叹早茶是广州人最津津乐道的消遣。那么，这里的饮茶风气是什么时候开始的呢？有据可查的历史，可以追溯到唐宋，那时人们所用的茶叶多为饼茶、团茶，流行的喝茶方式则为点茶、斗茶。点茶是将茶饼研磨成末放在茶碗里，注入少量沸水调成糊状，用茶筅搅动，然后再注入沸水，最后边旋转茶盏边用茶筅击拂茶汤，使盏中泛起汤花。斗茶是点茶的升级版，就是看点茶中谁击拂出来的茶汤白，谁的汤花停留在茶盏上的时间长。点茶、斗茶的出现，让人们也关注到与之匹配的饮茶神器——茶盏，比

点茶所用茶具及过程示意图

如建盏就出现在这个时期。至明代，开国皇帝朱元璋下诏废除唐宋以来制作费时费力的饼茶、团茶，人们改喝散茶，于是，注水沏茶的方式出现了。因为方便，饮茶之风盛行城乡。

点茶图

绿釉盏

年　代：宋代

出土地：广州中山六路黄金广场工地

馆藏地：南汉二陵博物馆

这件广州出土的绿釉盏，灰胎绿釉，内壁还模印牡丹花纹，想来是当时广州人饮茶时不可或缺之物吧。

广州人可以喝茶自由，是因为茶叶多啊。作为南方的商贸大港，全国各地的茶叶源源不断地运往广州，再转销海外市场。而且广州本地人也会种茶、制茶，今天的海珠区东部，就曾出产茶叶，史书称为“河南茶”。当时，人们还利用当地盛产的素馨和茉莉，制成花茶售卖。

青花“上品香茶”茶叶罐

年　代：明代

馆藏地：广州博物馆

这一对青花茶叶罐，右边罐子写着“上品”，左边罐子写着“香茶”，是当时人们贮存散茶的器皿。可别小瞧它，这可是当时人们从饮饼茶、团茶改为饮散茶的历史转折点的物证之一。

采茶

切茶

拣茶

炒茶

搓茶

试茶

入茶

渡茶

通草组画
年　代：清代
馆藏地：广州博物馆

这组通草画描绘了清代广州郊外制茶的全过程。这些茶叶主要是面向市场售卖，尤其是海外市场。当时，广州河南（今海珠区）是远近闻名的茶叶生产基地，聚集大量专门从事精选、加工、出口茶叶的工场，以及贩卖茶叶的茶庄。

在坐拥庞大茶叶市场的背景下，广州城中茶市极为兴旺，出现了许多有趣的饮茶习俗，比如屈指代跪、揭盖续水等。此外，为适应暑热天气，广州人还开发出一种保健饮料——凉茶，成为这座城市独有的名片。

福建白毫茶
年　代：清代
出土地：瑞典“哥德堡”号商船
馆藏地：广州博物馆

1745年9月12日，瑞典东印度公司的货运商船之一——“哥德堡”号从广州返航瑞典途中，撞上近海的一块礁石而沉没。200多年过去了，考古工作者对沉船物品进行清点，发现船上装载的茶叶足有370吨之多！这些茶叶包装考究，密封结实，一般用锡罐或锡纸包装，防潮、防霉，不怕海水侵蚀。像这些从船上打捞出来的福建白毫茶，还留存有香味呢！

通草画《茶楼场景》
年　代：清代
馆藏地：广州博物馆

广州人饮早茶的历史很长。清代咸丰年间，街头的一些店家用平房作为店铺，放几张木桌、几把木凳，主要供应茶点，让路人有地歇脚。由于茶价仅二厘，这种店铺被戏称为“二厘馆”。它提供“一盅两件”，所谓“一盅”，是装茶的壶，“两件”则多是大件松糕、芋头糕、芽菜粉、大包等价廉物美的茶点，由客人自选取食。后来，独立的茶楼出现，称“居”或“楼”，前者如陶陶居，后者如莲香楼 。由于环境优雅，茶楼深得社会名流的青睐，慢慢地，上茶楼叹早茶便成为广州人的日常。

小知识

广州人的凉茶

凉茶不是茶，却是广州街头最有名的饮料。

在中医理论中，岭南地区“地湿水温”，水质偏燥热，身体容易“上火”，所以具有清热祛暑、解毒祛湿的中草药凉茶特别盛行。最早的凉茶出现在1828年，一名叫王泽邦的商人，在广州十三行靖远街开设了第一家凉茶铺——王老吉，向往来商客出售水碗凉茶，由于主打下火功效，且价格便宜，很受街坊欢迎。

你是否还记得那深棕色的凉茶、苦涩的口感？

王老吉创始人王泽邦（右）
（引自《广东百年图录》）

从灶台到餐桌，每一道美食走过的路，其实都是相同的。不同的，是制作美食的食材、烹饪手法和对味道的理解。

在追寻美食的路上，广州人一走已是千年。

燧人氏发明了取火方式以后，人类最初的烹饪方式就是烧烤。在先秦时期，人们仍然钟情于烧烤大餐。只是，肉类可以架起来烤熟，谷物和果蔬可不行，怎么办呢？聪明的古人发明了煮、蒸等方式，利用各种陶器、青铜器为烹饪器具，做出来的美食简简单单，原汁原味。

到了汉代，灶台进入了广州人的家庭中。这种厨房设备是现代锅台式灶台的雏形，它的出现，大大加快了美食开发的进程：灶台可以更好地控制火候，配合各种厨具，炮、煎、熬、濯、制羹等多样的烹调手段被不断开发出来。

好味道，少不了调料的帮忙。在长期的生活实践中，各种调料，如酱、醋、姜、椒、桂等，也被广州先民相继开发出来，丰富了食物的味道层次。为了便于保存岭南水果，广州先民还利用糖、盐等制作果脯蜜饯——岁时节庆儿童们最爱的点心。

在漫长的岁月中，各个时期的广州人，遵循着人与自然和谐相处的法则，取用食材，改良厨技，辅以独特的香料和果脯，清淡、鲜活、原汁原味的广州味道，由此逐渐成形。

作为美味的出发地，灶台是每家每户必备的设施，同时还是人们信仰的寄托之所——民间相信，灶台是灶神的神位所在。因此，在灶台上摆放供品祭祀灶神，也逐渐成为习俗。

清代广州人祭灶示意图

(一) 佳肴出自灶台

灶台成全了美食。在古代，灶台的发展，经历了火堆、灶坑、陶灶等阶段。秦汉时期，传统的灶台已经发展得比较成熟了。

从汉代开始，带有排烟管道的灶台在全国普及了，它不仅消除了传统炙烤等烹饪方式给食物带来的烟熏味，还可以同时展开多种作业，如熬汤、炖煮，大幅提升了烹饪效率。这是广州先民烟火人间的写照。

陶灶
年　代：东汉
出土地：广州海珠大元岗
馆藏地：广州博物馆

尽管比真实的陶灶要小很多，但这座东汉陶灶模型真实地还原了当时的灶台模样。灶面开三孔，放置的二釜一锅用来煮食，灶后有龙首形烟囱排烟。灶门左侧有一个可爱的人俑，执扇扇火，右侧一狗蹲坐，充满浓浓的生活气息。引人注目的是灶台两边各贴着的三口水缸，灶台生火煮饭的余热可以温缸中水。这是广州先民的生活智慧。

陶灶
年　代：西晋
出土地：广州黄埔姬堂2号墓
馆藏地：广州市文物考古研究院

这座灶台前宽后窄，灶壁呈拱形，灶面开有两个灶眼，上面放着两釜，灶门敞开，有一个小人俑正在往里添柴烧火，灶膛内还有两根燃柴，烟火气满满。

这个时期，广州先民已熟练掌握制作和使用灶台技术。广州地区出土了许多汉代灶台，早期灶台烟突（囱）及灶身短，灶台上大多列两个灶眼，灶门宽大敞开。中期的灶台灶身增长，锅眼增多，煮食、煮饭、煮水可以同时进行；灶门缩小，以方便扯风；烟突增长，增加了灶膛进风，有的灶门还考虑到防止烟灰飞上灶台，加砌了灶额。汉代晚期的灶更重视利用热能，在灶台两边嵌有两排水缸。

此后灶台一直升级换代，宋代时又有了一大飞跃，加进活塞式的风箱，通过向灶膛内送风，使得柴薪燃烧充分，灶火更旺。温度上来了，配合当时新出现的铁锅，今天中国人最常见的烹饪手法——炒，由此诞生。

(二) 原汁原味：煮、炖、蒸

广州先民很早就用上了煮、炖、蒸的方法制作食物，他们也洞悉其中的好处：通过连绵不绝的沸水和蒸气将食物加热，成品仍可保持着食材的原汁原味。

越式"食官第一"陶鼎
年　代：西汉南越国
出土地：广州梓元岗
馆藏地：广州博物馆

这件西汉南越国时期的陶鼎，有着圆的肚子，细长的腿，不起眼的外表之下，其实大有乾坤。考古学家通过观察辨别，发现鼎身有神秘的铭文，其腹部刻篆字"食官第一"，这代表了什么意思呢？其实"食官"，是南越国掌管膳食的官名，"第一"是编号，表明了这件鼎由食官监造。

最早的时候，鼎与饮食有关，如成语钟鸣鼎食。这里说的"钟"并不是钟表，而是指一种大型打击乐器——编钟。"鼎食"就更简单了，就是用鼎盛装着各种山珍海味，并用于烹煮肉食，是富贵人家才能用得起的排场。此外，早期中国人传统的餐饮方式是分餐制，"鼎食"就可看做这种饮食习惯的代表。而岭南地区出现大量的鼎，不仅意味着用鼎蒸或煮炮制带汤食品习惯的传入，更是对当时中原分餐制的沿袭。

远在新石器时期，广州先民们就已意识到“煮”是最简单的烹饪办法，把食物加入沸水之中，加调味料煮熟，一顿大餐就好了。

人们又发现，水蒸气可以烫熟食物，而且用水蒸气加热，食物不会因为煮得太久而过于软烂，口感风味更佳，于是，“蒸”这种烹饪方法应运而生。古代用于蒸煮的器具有甑、釜、鍪等。

铜釜甑、铜鍪和铁支架
年　代：西汉南越国
出土地：南越文王墓
馆藏地：南越王博物院

这几件铜制炊具，是不是让人难以分辨呢？最左边铁支架上的两件，下面的叫釜，上面的叫甑，主要用于煮制或蒸制食物，经常结合使用。一般情况下，甑放在釜上部，用釜煮食，用甑蒸食，这样既省燃料，又充分利用蒸汽加热食物，真可谓一举两得。

右边四个铁支架上面的为铜鍪，是用来烧煮食物的。出土时，这个铜鍪里还残存有青蚶、龟足和鸡骨头！考古学家发现，岭南地区的铜鍪仅见于秦墓和南越国墓，由此推断，在秦统一岭南之前，本地越人并不使用鍪。南越国人使用鍪的习惯，应是受到了南下秦人的影响。

在烹饪过程中，有人通过调节火候，发现大火可收汁、小火可煮软食物，揭开了“炖”的奥妙。今天的广州人还把这种方式称作“炆”，从字面看，就是用文火把锅里的水慢慢熬干，十分形象。

这几种将食物熟化的方法，不仅保留了食物的营养价值，更使其生发鲜、香、嫩、滑的滋味与口感。今天广州人喜欢煲老火靓汤，多少都可见到这些古老烹饪方法的影子。

小知识

何为九大簋

说起舌尖上的顶级味道，或许广州人都会异口同声给出答案：九大簋。那么，它到底指的是什么呢？原来，簋是一种食物盛器，形似大碗，煮熟的饭、粥等主食，会用簋盛装之后摆上桌面。

簋既是日用的器皿，也被作为礼器。古代祭祀通常以双为吉，二簋、四簋、八簋最受尊崇。广州人保留了这个文化并加以改进，认为以九为尊更加隆重，所以将盛宴称为“九大簋”。因此，广州人若说请吃九大簋，一定是盛大的宴席。

西汉　陶簋
（广州博物馆藏）

（三）火候的艺术：烤、煎、炸、炒

广州人做饭最讲究“镬气”，火候大小、烹饪时长都要恰到好处，烤、煎、炸、炒等制作食物的手法，最能体现掌厨者对火候的理解和功夫。

烤是最原始的烹饪法。很早的时候，广州先民就懂得将食物插在树枝上烤熟后再食用，动手能力强的人在此基础上制作了烧烤架，甚至烤炉——这一点，南越文王可以作证。

后来，人们感觉烤着吃还不够过瘾，又在实践中发现用动物油脂煎、炸过的食物焦黄香脆，口感更好，由此，对火候的了解又进了一步。

小铜烤炉
年　代：西汉南越国
出土地：南越文王墓
馆藏地：南越王博物院

即使在古代，烧烤也是有讲究的。这件南越文王墓出土的小铜烤炉，造型精致：四只短足是可爱的猫头鹰造型；炉壁四周装有铜环，炉壁上还有两对浮雕式乳猪，猪嘴朝天。这不由得让人猜测，是否早在南越国时期，贵族们就已经吃上了香喷喷的烤乳猪呢？

宋代以后，铁锅开始普及，全国老百姓知道了炒菜这回事，广州先民更是将此发扬光大，粤式炒菜以大火猛炒、食物香气十足著称。时至今日，广州人夸赞一道好的炒制菜，必然会说“有镬气”。至于煎炸，在铁锅里完成的，当然应比南越国时代的铜煎炉里完成得更快、更好。

铜煎炉
年　代：西汉南越国
出土地：南越文王墓
馆藏地：南越王博物院

烧烤不够，还可以煎五花肉、煎鱼！在成为吃货的路上，南越文王有这底气。这件从南越文王墓出土的铜煎炉，分为上下两层：下层小，放置炭火；上层大且平，像今天的平底锅，盛放要煎的食物。根据考古学家们的研究，上层底部还发现有黑黑的烟炱痕，说明它常被用于平煎食物。

这件煎炉的体积比较小，可能是一人用一炉。这或许和当时社会实行的分餐制有关。唐朝之后，随着高足坐具和桌子的出现，分餐制也逐渐演变为合餐的会食制，流传至今。

通草画《炸油器》
年　代：清代
馆藏地：广州博物馆

最考验火候的烹饪方式莫过于炸，时间短，食物没熟透；时间长，又容易糊。

这幅通草画描绘了两个小贩正在制作油炸食物的场景。年长一点的小贩和面、切面团，年轻者则在油旺火滚之际，用一双长筷子将面团放进油锅。案板上还放着金黄焦脆的油炸食品，看起来很像今天广州人在节庆时常吃的煎堆。屈大均在《广东新语》中就提到，每逢过年，人们就会用糯米粉揉成圆圆的形状，下油锅煎炸后，用来招待亲友，这种煎炸出来的东西就是煎堆。由此推断，煎堆的历史也像一匹布那么长呢。

（四）调出百般滋味

调料在烹饪中的作用不言而喻。岭南地区本来就是香料产地，古人早就知道用它们去腥除腻、提鲜增香。比如在汉代，就已有盐、酒、花椒、生姜、酸梅、橄榄、人面子、八角、豆豉等调料，它们让饭菜变得有滋有味。此外，当时的广州先民还利用甘蔗的汁液制成糖叫做石蜜，这甜甜的味道，滋养了广州人喜喝糖水的胃。

魏晋南北朝至唐宋时期，人们已经能熟练掌握酱油和醋的制造工艺，并把酱油称作“咸豉汁”。此外，桂皮、胡椒、橘皮、糖、蜜、乳、酪、麻油等成为人们餐桌上的新宠。

铜姜礤
年　代：西汉南越国
出土地：南越文王墓
馆藏地：南越王博物院

广州人爱吃姜，尤其是吃白切鸡时，更是离不开姜蓉，古人也是如此。南越文王墓出土的姜礤设计非常巧妙：上半部的礤槽为方形凹槽，可摩擦生姜，姜汁从漏孔处挤出；柄部上端设有环钮，闲置时可悬挂起来；底部有四只小短足，平放时可避染灰尘。不得不说，设计者实在太聪明啦！

明清时，除了继续沿用传统的一些东西外，调料界又涌现出新的面孔，如虾油、鱼露、腐乳、草果、砂仁、苏叶、辣椒、大香、茴香等。从传统的调料角度看，这一切都与今天没有多大的区别了。令人诧异的是，有一种说法，在中国，作为舶来品的辣椒，最早时是在广东地区开始培育，再发展到其他地区的！

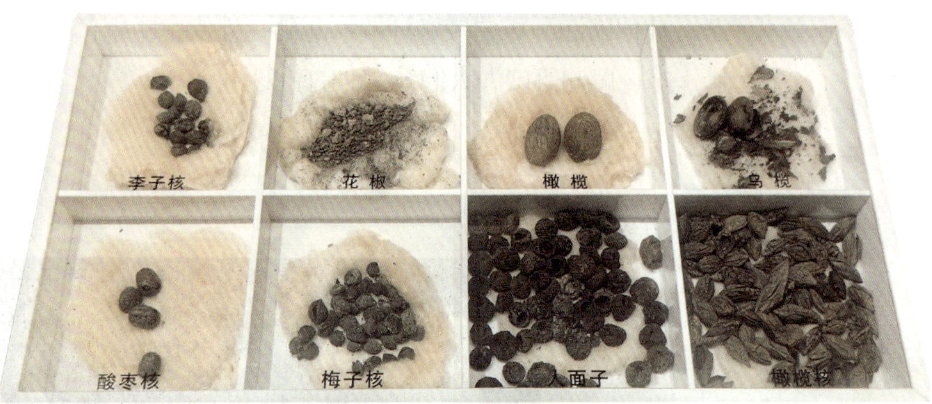

李子核、花椒、橄榄、乌榄、酸枣核等农作物
年　代：西汉
出土地：广州龙生岗
馆藏地：广州博物馆

在广州博物馆镇海楼展厅内的一个展柜里，可以看到出土的汉代花椒、李子核、橄榄、酸枣核等作物遗存。

史上第一道用到花椒调味的菜肴，有可能出自广州。东汉末年，有个叫刘熙的文人流落交州，常往来于苍梧（今梧州）与南海（今广州）之间。他在所著的《释名》中记载了所见到的一种菜式——脂炙：先切肉馅，然后用姜、花椒、盐巴和豆豉拌和肉馅，再用肉片把肉馅包裹起来，上火烤熟。这道菜的特别之处，就在于它很可能是中国有史以来第一道明明白白能见到花椒的菜式。

(五) 甜蜜蜜的零食

在生产力不发达的古代，古人们也能像今天的我们那样，吃上美味可口的零食吗？答案是：可以。

广州本地物产丰富。早期，人们为了过过嘴瘾，会利用这里盛产的水果制作一些干果：摘采新鲜的水果摊在阳光下，晒干即成，工序简单。更昂贵点儿的零食，叫蜜饯，也称果脯，是将水果用糖煮制而成。开始，人们用蜂蜜煮制，成品叫“蜜煎”；后来，人们用甘蔗熬制蔗糖，蜜饯加工的成本就更加低廉了。到了明清时期，随着粤商崛起，广州所产的广式蜜饯开始蜚声全国。像糖冬瓜、糖藕片、糖荸荠、糖橘饼等，逢年过节，或平日里招呼亲朋好友，都是必不可少的。这些美味可口的零食今天仍然很受欢迎。

陶五联罐
年　代：汉代
馆藏地：广州博物馆

这个五联罐出土时，罐中还藏有酸梅——当时人们餐桌上常见的小零食，也常被用来腌渍鱼肉，去除腥味。这种陶联罐是岭南汉墓出土文物中最具特色的饮食器具之一，往往由3～5个小罐连缀组成，联罐之间不相通，可以用来盛放各种干果或调味料。若它盛的是调味料，则至少有五种，这与“五味”相应。体现中华饮食文化中“和”的思想，即人们常说的五味调和。而以此种罐随葬，是汉代人们“事死如事生”思想的体现，寄望死者在另一个世界也能够丰衣足食。

陶四耳罐及橄榄

年　代：汉代

馆藏地：广州博物馆

这个陶四耳罐中，出土时盛放着些黑色的、小小的果子，都是些什么呢？经过鉴定，它们原来是广州人再熟悉不过的橄榄。2000年前，广州先民就已经解锁了橄榄干这一吃法。不少汉墓出土的橄榄，外果皮及肉质尚存，两端被切去，显然是准备用于渍制的乌榄。

青花花卉“万隆糖果”方罐

年　代：清代

馆藏地：广州博物馆

清代，盛产甘蔗的广东成为中国产糖最多的地方，糖果制品种类繁多，有糖姜、糖榄、糖莲子、糖莲藕、糖冬瓜、糖椰子等。图中的方罐，是用来装糖果的，罐底英文翻译成中文是：广东河南万隆最好的蜜饯和糖果。

小作坊

想一想，这些现代的广式糕点的烹饪可以用到上面提及的哪种炊具？试试写下它们的名字吧。

这种大名鼎鼎的糕点叫做虾饺，

可用 ________ 烹饪。

这种包子叫生煎包，

可用 ________ 烹饪。

第三章

居有定所

无论何时何地，居所都是人类求得温饱的重要保障之一。在数千年的时光里，从穴居而至西关大屋，广州先民筚路蓝缕，开创了不同于中原的居住文化。

先秦时期，先民们顺应本地气候、地理情况，选择适合的居住地，形成不同类型的聚落；秦平岭南后，中原文化大量输入，加上南越国实施『和辑百越』的民族政策，广州迎来了文化开放融合的时代，发展出形制更为完备而又适应本地气候的居住形式。作为南越、南汉两国都城，广州虽远离中原，仍追随中原的建筑范式，曾建起恢弘的宫城殿苑；自汉至明清，广州人因时顺势，中西合璧，巧搭砖瓦，粉饰墙脊，形成了种类繁多的居住形制，具鲜明地域特色的传统民居——广府民居，成为岭南建筑的代表。

朴素无华的先民聚落

从远古时代到秦平岭南的漫长历史中，广州的先民们喜欢居住在水边还是山岗？居所是什么样子的？你想知道的答案，其实也是广州考古人一直在寻找的。

如今，我们正逐步接近历史的真相。在天河、增城、从化、黄埔等地，许多先秦时期的人类遗址被发掘出来，它们共同展示了秦平岭南前广州先民的居住场景。人们先选择洞穴、山岗、沙丘、台地等居住，并在掌握了一定的建筑技术后，开始将巢居逐步改良为干栏式建筑。这些遗址出土的稻作遗存表明，那个时候，先民们已开始了定居的生活。

▶▶ 古人类巢居发展路径图

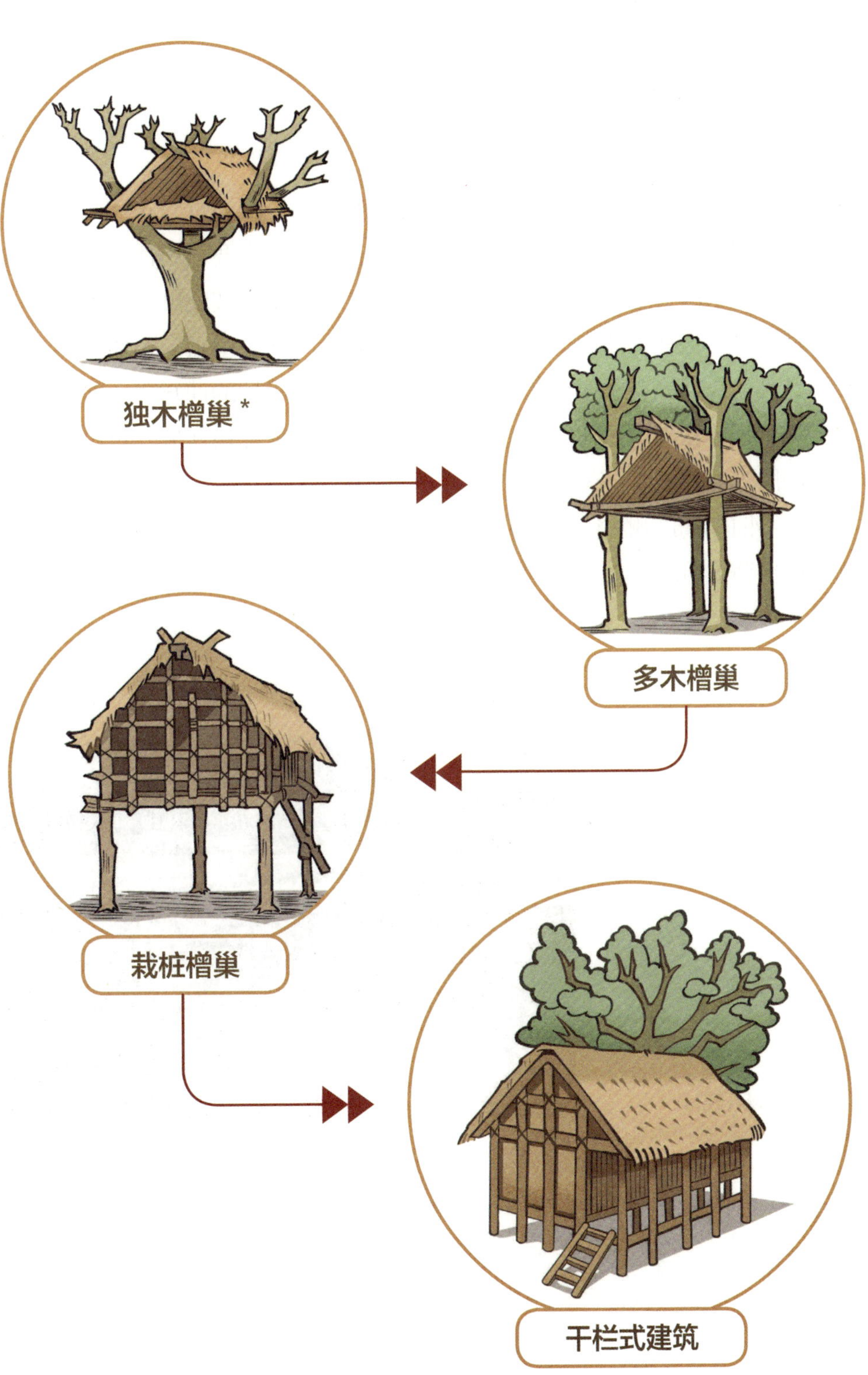

* 橧巢，古人用柴薪架成的住所。

(一) 居于山岗和台地

从地貌看，广州属于平原、丘陵地带。其中，山岗遗址分布在海拔400米～500米以下垂直地带内的坡地，即丘陵地，主要分布在增城、从化、花都以及市区东部、北部；相对高程80米以下，坡度小于15度的缓坡地或低平坡地，即岗地，主要分布在增城、从化、白云、黄埔，番禺、花都、天河亦有零星分布。台地是水边略高于平地的地方，一般拥有较为平坦的顶面，适宜居住。这些地方，附近一般都有河流，是古人逐水而居本性的体现。

先秦时期的广州先民，就有不少生活在其中的丘陵或岗台地带，飞鹅岭岗丘遗址即是典型。台地遗址，则以从化吕田狮象遗址为代表。

（广州市文物考古研究院供图）

飞鹅岭岗丘遗址

年　代：新石器时代晚期

地　址：广州天河华南植物园

遗址所在地是一片海拔30～40米起伏不平的低山丘陵，青山岗、菱塘岗、红石柱岗等大小山岗环抱着海拔62米的飞鹅岭主峰，附近水资源丰沛。遗址距今约4000年，是广州市区内最早发现的人类新石器时代遗址，曾有“广州第一村”的称誉。虽然现已无法得知当时在这片岗丘地上人们以何种形式构筑居所，但这里所遗留的磨制石器等遗存依然展示了广州早期人类活动的痕迹。

（广州市文物考古研究院供图）

陂头岭遗址

年　代：新石器时代晚期

地　址：广州黄埔黄田村西北

这里有茂密的森林、清澈的湖泊和优美的景色，是典型的亚热带环境。考古学家在这里发现了窖穴、灰坑、柱洞等数量众多的遗迹。其中，柱洞可能与当时的木构建筑有关，而48座窖穴推测为储藏所用，体现了当时生产力的富足，也进一步证明了这是先民的一处大型定居点。

（广州市文物考古研究院供图）

竹园岭遗址

年　代：商代

地　址：广州黄埔何棠下村东侧

竹园岭遗址地处河谷盆地，其东北和西南为大山所夹。考古学家在这里发现了形状各异的各类灰坑近1500个；大小深浅不一的柱洞1800余个，其中相当一部分和干栏式建筑有关。这些现象说明，在这一时期，广州人已在聚居地搭建房屋，并懂得采用利于防潮防水的干栏式结构。同时，这里还发掘出长度不等、深浅不一的灰沟25条，推测可能为自然或人工排水管道。

狮象遗址

年　代：新石器时代晚期和商周时期
地　址：广州从化区狮象村东南

（广州市文物考古研究院供图）

狮象遗址位于流溪河上游狮象村的狮象岩山一带，它的面貌正好反映出距今4000—3000年的广州人居环境情况。狮象岩山西北山脚的部分属于古河道旁的台地，适宜人类生息。岩山有个天然的石灰岩溶洞，周围绿树掩映，仿佛一道天然的屏风，既通风，又隐秘，这可能是当时的先民活动或居住的场所之一。人们在此发现标志人类活动的灰坑和柱洞，以及碎陶片、石器等。

远古人穴居图

(二) 在水边居住——贝丘与沙丘

在古代，为生活方便，人们多择水岸而居。一些人住河边，一些人居于海岛。广州作为沿海地区，有不少冲积平原和滩涂地区，第一代水上人家就生活在这里。他们也许会在港湾停泊，也许住在船上，以渔猎为主要生产方式。依水而居的人们留下的生活痕迹，藏在了贝丘和沙丘这些地貌里，形成考古学上的贝丘与沙丘遗址类型。贝丘遗址以新市龟岗葵涌、增城金兰寺等为代表；沙丘遗址以南沙鹿颈村遗址为代表。

远古人水边生活图

（广州市文物考古研究院供图）

葵涌贝丘遗址

年　代：新石器时代
地　址：广州白云新市葵涌龟岗

葵涌贝丘遗址所在的龟岗，是一座圆形山岗。在这座山岗的北坡，发现了大量的贝壳，其中大部分来源于淡水蚬，还有不少栖息于咸淡水交汇处的螺、蚶。这说明，当时这个地方很可能还是江边，离咸淡水交界线不远。当时，人们所居的房子是什么模样，因没有相关物证，暂无法得知。

（广州市文物考古研究院供图）

金兰寺遗址

年　代：新石器时代晚期至战国时期
地　址：广州增城金兰寺村

金兰寺遗址（上图前景红框处）是广州目前考古发现年代最早的史前贝丘遗址，距今4035年左右。由于贝壳含碳酸钙，堆积呈碱性，有利于动物骨骸等有机物的保存，所以这里也出土了不少鹿、牛、鱼、龟的遗骨。

在这里，考古学家发现各个时期的灰坑38个、柱洞941个、灰沟21条、水井3口、墙1处，证明了从新石器时代晚期至战国时期，广州先民在这里建有房子，并且这些房子已经配备泥墙；水井的出现，则意味着这里出现了较为完备的居住聚落形态。同时，这里出土的陶鼎、陶豆、石锛、石钺、箭镞等，也不禁让人对这里的生活场景充满遐想。

（广州市文物考古研究院供图）

鹿颈村沙丘遗址

年　代：新石器时代晚期至商代

地　址：广州南沙鹿颈村

南沙大角山脚下的鹿颈村地域，从前是珠江口海湾中的岛屿，这里属于三面环山的海湾边缘地带，是古人用于弃置生活废物的地点，长年的人为堆弃及泥沙的淤积，堆成了沙丘。这里发掘出土最多的是作为日用品的陶器以及石斧等劳作工具，由此可以推测，三四千年前，古人定居于此，日常进行渔猎和农耕，以满足生活需求。

小知识

考古人如何揭开远古人类生活的面纱？

在考古学世界中，人们以系统的发掘、研究和分析，揭示人类社会的发展历程，还原千万年前人类生活的面貌。

1. 调查与勘探

通过调查，发现遗址，进而展开考古勘探。

洛阳铲是重要的考古工具

2. 发掘

考古发掘方法一般用探方法。发掘过程中，我们要对文物进行标注，记录发掘位置、深度和文物的种类、材质等，并展开清理。

待发掘区划分出来的每个探方都是考古人员的工作区域

清理文物

3. 整理和研究

之后，需要对发掘出土的文物整理和保护。同时，考古人员对文物展开研究。

撰写报告

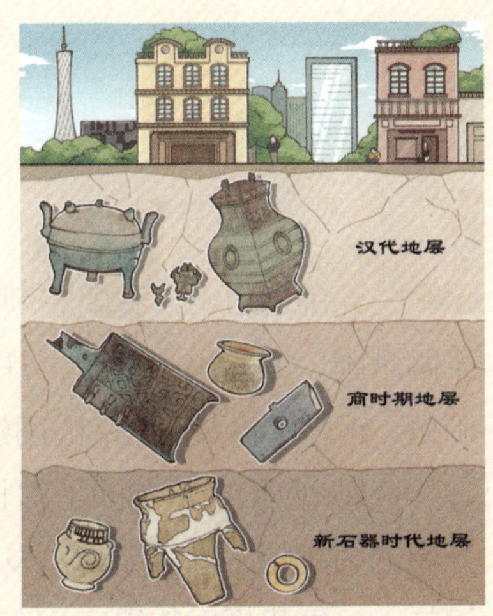

文物与地层的关系示意图

4. 展示

最后，通过一系列研究、分析，甚至利用AI（人工智能）等技术，还原当时的人类面貌和生活场景，并通过博物馆等平台呈现。

博物馆

王的居室

公元前203年，秦朝将领赵佗据有岭南，建立了南越国，以番禺为都城，并大兴土木，建造王宫御苑。这一举措对后来的岭南建筑文化影响深远。

这座2000多年前的王宫长什么样子？1975年开启的南越国王宫御苑考古发掘工作，重现了它的模样：有气势恢宏的殿宇，有技术超前的铺地砖，有类型多样的屋瓦，有中国考古首次发现的大型实用屏风，有令人惊叹的引水造景术……这座王宫的考古遗址，今为南越王博物院王宫展区。

公元前111年，南越国的宫殿被汉武帝派出的大军摧毁。1000多年后，在南越国宫署遗址之上，又迎来了新王，以及新建的王宫——南汉王宫。

在考古专家那儿，这座王宫被认为有“大唐遗风”。它的宏伟华丽，至今仍可寻觅：人们先后发现了三处南汉国宫殿遗迹，它们分布密集、规模宏大、砌筑讲究；它们基台高大，砖石工艺精湛，庭院地砖上的蝴蝶牡丹相映生辉。

▶▶ 南越国宫署想象图

（一）气势恢宏的殿宇

在今天的广州中山四路一带，考古学家发现了南越国的宫殿、宫苑及宫墙等遗迹，考古学家把这个内涵丰富的遗址定名为“南越国宫署遗址”。

其中一号宫殿坐北朝南，面积约580平方米，东西两侧各有一条连接宫殿的通道。二号宫殿位于一号宫殿西南，仅揭露出东北角，结构形式与一号宫殿基本相同。考古学家在清理二号宫殿基址时，在宫殿外围的散水道上发现了印有“华音宫”三字的陶器盖，这说明，二号宫殿有可能当时就称作“华音宫”！这些宫殿本是高台建筑，台基四周以砖包砌，外设散水装置，并以精美的印花砖和小卵石铺砌而成，再以侧砖包边，十分讲究。

西汉南越国　“华音宫”铭款陶提筒盖（上）及拓印（下）
（南越王博物院藏）

带座石望柱
年　代：西汉南越国
出土地：南越国宫署遗址
馆藏地：南越王博物院

望柱（上图）也称“栏杆柱”，是中国古代建筑如桥梁栏板与栏板之间的短柱，也可以是华表类的独柱，用木造或石造，在中国古代皇家建筑或帝王陵墓等建筑中常见。南越王宫殿出土的望柱，带有底座。从断开的剖面可以看到，底座有凸起的榫状结构（下图）。2000多年前，广州的能工巧匠以榫卯结合的原理将厚重的石柱稳稳地立起来，使其不会倾斜，这是智慧的力量！

南京明孝陵的望柱

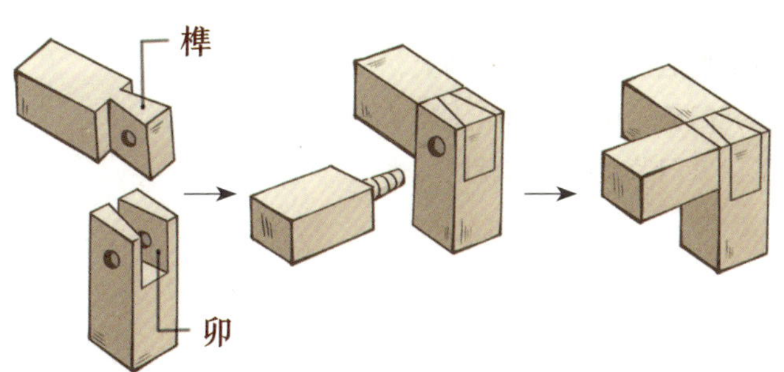

榫卯结构示意图

石门楣
年　代：西汉南越国
出土地：南越国宫署遗址
馆藏地：南越王博物院

门楣，就是正门上方门框上部的横梁，有木质的，也有石质的。南越国宫署遗址出土的这件门楣，就是用石头制成的。相比木质构件，石质门楣构件的制作更为费时、费力，在吊装、嵌套上有较高难度。在没有起重机的年代，先民们是如何将如此有分量的建筑构件安装到合适位置的呢？大家不妨探讨一下。

小知识

光耀门楣

旧时富贵之家的门楣十分高大，所以就以“门楣”比喻门第。宗族子孙做出了让家门荣耀的事情就叫“光耀门楣”。

岭南的另一个地方政权——南汉，也留下了许多宫殿遗迹。据文献记载，南汉统治者广聚珍宝，大兴土木，在都城内建造大批宏伟华丽的宫殿，约有20多座，分布在今北京路、广卫路、省财厅一带。已出土的遗迹中，宫殿部分包含皇帝朝政大殿以及供皇帝赏玩的皇家内苑，有乾和殿、玉堂珠殿、昭阳殿、文德殿等多座宫殿。

南汉王宫一号宫殿北面殿堂磉墩
年　代：五代十国
出土地：南越国宫署遗址
馆藏地：南越王博物院

磉墩是古代建筑柱础石下的夯筑基础，是建筑的根基。南汉王宫一号宫殿的殿基面积约有930平方米，分布有36个大型磉墩。这些磉墩接近方形，边长3.6米，深2.7米，底部以大石块填充，往上则以黏土、砂石粉、碎砖瓦块逐层夯筑，达30多层。从这些柱基的分布和规模可以看出，当时的南汉宫殿建筑高大，空间广阔，占地面积很大。

青釉兽面纹瓦当
兽面砖
雕十六狮柱础石
蝶恋花纹方砖
地下排水管

雕十六狮柱础石

年　代：五代十国
出土地：南越国宫署遗址
馆藏地：南越王博物院

柱础石是木构建筑中用于承受屋柱压力的奠基石。这块柱础石以石灰岩雕凿而成，重约1.9吨，非常坚实；岩面饰有莲瓣纹，并刻有16只可爱的狮子形象。在中国传统文化中，狮子被认为是瑞兽，在这里出现显然具有吉祥之意。

牡丹纹石板

年　代：五代十国
出土地：南越国宫署遗址
馆藏地：南越王博物院

这种石板很可能是当时居室的地板或墙面结构遗存。牡丹向来都是古人所爱之花，象征富贵荣华，它的形象被雕刻在宫殿建筑所用的石板上，体现了南汉王的艺术追求和美好向往。牡丹纹兴起于魏晋时期，在唐朝开始趋于流行。五代十国时期的广州宫廷内所流行的牡丹纹样，是中原文化影响广州的明证，体现岭南居室文化中的开放与包容。

◀◀ 南汉王宫复原想象图（局部）

(二) 地砖与瓦当：技术领先

为避免居住者与潮湿的地面直接接触，人类发明了地砖，作为人与地面的隔离层。在制作地砖这一方面，广州先民敢于创新，在南越国时期，烧制出了迄今为止中国考古发现的最大的铺地砖。地砖防水防潮，方便清洁，耐用耐磨，十分适合广州潮湿多雨的气候。

千年之后，南汉王宫的建造工艺也有了更大的进步。在南汉王宫地层出土的建筑构件，有更为精细繁复的纹饰，代表了审美时尚的变迁和技术的发展。因为时代距今更近，保存较好，许多砖块和瓦片上都还能看到外层的釉面。由于釉面光滑不吸水，上釉的砖瓦更容易清洁，为人们的生活带来了便利。

特大方砖

年　代：西汉南越国
出土地：南越国宫署遗址
馆藏地：南越王博物院

这是我国目前考古发现的最大的一块方砖！边长达95厘米，厚达16厘米。看，方砖底部和侧面满布的小孔，是工匠们故意弄出来的，目的是防止方砖在烧造过程中因受热不均而炸裂或变形。据说有人曾试图仿烧这样的砖，但未能成功。可见，2000多年前，南越王居住的宫殿，还是有一定科技含量的。

印花包柱转角砖

年 代：西汉南越国
出土地：南越国宫署遗址
馆藏地：南越王博物院

铺地砖就像玩七巧板，不同形状的砖块可以巧妙地嵌进不同需求的位置，让建筑变得美观。针对宫殿台基带柱子的转角位，工匠专门设计了坡面倾斜的包柱转角砖：砖的内面是一个上小下大的圆弧面，用于包裹和固定柱子。这种砖，除了南越王宫外，其他地方都没有。这可能就是古代的高级定制了！

熊饰空心砖

年 代：西汉南越国
出土地：南越国宫署遗址
馆藏地：南越王博物院

在汉代，熊很受欢迎，其形象广泛出现在当时的各种器物中。对熊的崇拜也影响了偏居一隅的岭南：南越王宫里也存在这种带有熊纹图案的砖块，如这件熊饰空心砖。它实际上是踏跺，用于铺设宫殿的台阶，熊纹图案在它的外侧。将熊形象用于宫殿建筑中，也体现了中原文化对南越国的影响。

蝶恋花纹方砖

年　代：五代十国
出土地：南越国宫署遗址
馆藏地：南越王博物院

这块方砖（上图）的砖面模印了四只展翅飞翔的蝴蝶（左图），四角又印有折枝花卉纹，寓意富贵叠来。比起南越国时期的砖纹，这块南汉时期的方砖图案更为精细、复杂。

黄釉莲花纹方砖
年　代：五代十国
出土地：南越国宫署遗址
馆藏地：南越王博物院

青釉兽面纹瓦当
年　代：五代十国
出土地：南越国宫署遗址
馆藏地：南越王博物院

这些产于南汉时期的方砖与瓦当，保留了青釉、黄釉釉面，展示了当时建筑构件的烧制工艺水平。

（三）瓦上的学问

昔日，人们居住的屋宇，少不了的是遮头瓦。它用于铺盖屋顶，以防水、排水，保护木构的屋架部分。在中国，瓦的产生比砖早，它们通常以陶土烧成，分为多种形制，因有不少纹饰，而被人称为“屋檐上的艺术”。

秦军南下后，岭南地区的房屋建设融入了中原建造技术，开始大量使用瓦来铺盖屋顶。赵佗兴建南越王宫时，大量使用瓦及配套的瓦当，这在南越国宫署遗址中得到了证实。这里出土的各类瓦及瓦当数量繁多，纹饰多样，其中以印有“万岁”二字的瓦当最为典型；瓦的种类从形制上讲，则包含仰瓦、合瓦、带钉瓦等。这些瓦当的造型、制作方法、纹饰等，与中原地区的几乎一样。这天下为一、万里同风的盛况，见证着岭南文化融入华夏文明体系的历程。

“万岁”瓦当
年　代：西汉南越国
出土地：南越国宫署遗址
馆藏地：南越王博物院

瓦当是屋顶瓦面的头端，绝对称得上是屋檐的门面，它可帮助屋顶排水、保护木构的屋架和椽头。“万岁”瓦当是目前广州已发现的南越国时期瓦当中数量较多的一种。瓦当上所印的“万岁”字样，书法多样，堪称岭南最早的美术字，寓意吉祥，又简练美观。当然，这种纹饰的瓦当大多只用于规格较高的建筑中，民间建筑一般不能用。

连筒“万岁”瓦当

年　代：西汉南越国
出土地：南越国宫署遗址
馆藏地：南越王博物院

连筒瓦当可以说是瓦当和筒瓦的结合体，一般设置在瓦的头端。早期瓦当的制作较原始：先用泥条制成圆筒形瓦筒，并与瓦当粘接，再用刀片或绳弓等工具切下瓦筒的一半即成。

小知识

仰瓦、合瓦、瓦当和滴水瓦

在铺设屋面时，瓦的使用有仰瓦和合瓦之分。

仰瓦就是将瓦的凹面向上放置；合瓦则是将瓦的凹面朝下放置。一般而言，瓦又分为弧度小于180° 的板瓦，以及弧度等于或大于180° 的筒瓦。只有弧度较小的板瓦可以用作仰瓦，而合瓦则板瓦和筒瓦都会用到。我国古代许多建筑的房顶大都采用仰瓦、合瓦交替盖合的方式。

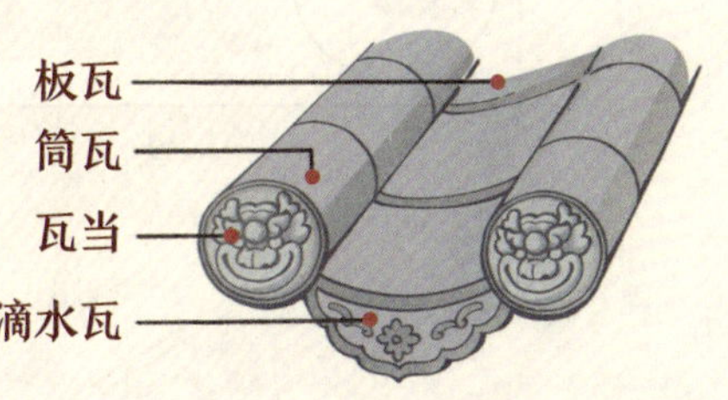

板瓦、筒瓦、瓦当、滴水瓦盖合示意图

带钉筒瓦

年　代：西汉南越国
出土地：南越国宫署遗址
馆藏地：南越王博物院

这种看起来像榴莲壳一样的筒瓦，有什么作用呢？这种瓦叫做“带钉瓦”，曾经在西汉时期短暂出现，存量很少，在中国主要见于两处考古遗址：一是西安的长安城武库遗址，二是广州的南越国宫署遗址。考古学家推测，这种瓦既然用于皇家重地，一定带有防卫功能，可能是为防止强盗在屋顶攀爬而使用的。

折腰瓦

年　代：西汉南越国
出土地：南越国宫署遗址
馆藏地：南越王博物院

两头下弯、中间隆起的折腰瓦，是板瓦的一种，主要使用在卷棚顶的正脊，在前后两坡底瓦垄交汇处仰铺，与罗锅瓦结合，构成筒瓦过垄脊；与板瓦结合，则构成合瓦过垄脊。它可以防止雨水渗漏到屋内，也可以隔热。

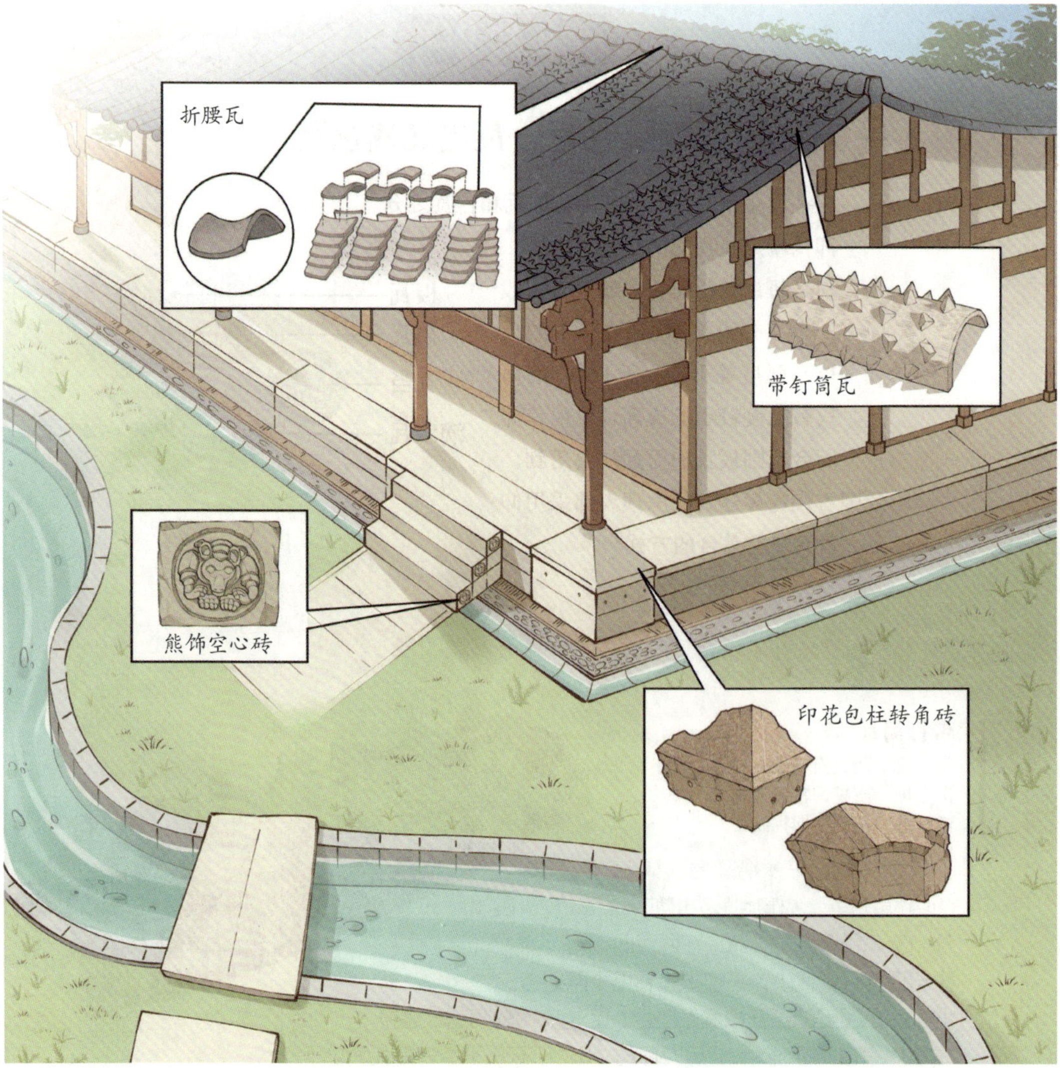

南越国宫署遗址一角想象图

（四）萌萌的脊兽

在中国古代建筑的屋脊上，脊饰是很重要的饰件，一般与瓦配合使用。脊兽是脊饰中较为重要的一种，可以分为吻兽、望兽、仙人走兽、垂兽、戗兽等。正如我们前面所看到的，屋顶的瓦片是层叠铺盖的，而处在檐角最前端的瓦片因处于最前沿的位置，要承受上端整条垂脊的瓦片向下的推力，如果没有固定装置，就会掉落。因此，人们发明了瓦钉用以固定檐角最前端的瓦片，而在对钉帽进行美化的过程中，就逐渐发展出了一种以动物为形象的装饰构件——脊兽。在实用功能之外，它们还被进一步赋予了标示等级的作用。

龙首形鸱吻
年　代：南汉
出土地：南越国宫署遗址
馆藏地：南越王博物院

鸱吻，又名螭吻，是中国古代建筑屋脊正脊两端最常见的一种脊兽，为中国古代神话中龙的第九子。相传，鸱吻喜欢吞火，把它放置在屋脊两端，寓意严防火灾。在中国古建筑上的鸱吻，多有卷尾龙头的形象。

小知识

龙生九子

传说龙生了九个孩子，它们都不具备龙的相貌，长相各有特征，而性格、喜好、特长又都不同。它们是谁呢？

老大——囚牛：喜欢音乐，所以蹲在琴头上，大家看到的民族乐器高胡头上的就是它；

老二——睚眦（yá zì）：心胸狭窄，喜欢打斗，所以被人刻在刀环和剑柄上；

老三——嘲风：喜欢险峻的地方，喜欢登高望远，所以被人放在殿台的角上。

老四——蒲牢：受击就大声吼叫，所以被人用作洪钟提梁的兽钮。

老五——狻猊（suān ní）：形似狮子，喜静不喜动，又喜欢烟火，所以被放在香炉脚上。

老六——赑屃（bì xì）：又名“霸下”，似龟有齿，喜欢负重，这就是大家常见的石碑下托碑的“石龟”。

老七——狴犴（bì àn）：长得像老虎，喜欢词讼，所以蹲在监狱门前或官衙正堂两侧。

老八——负屃 （fù xì）：长得像龙，非常斯文，所以盘立在石碑顶上。

老九——鸱吻（chī wěn）：又叫鱼龙，龙头鱼尾，相传大约在南北朝时，由印度摩羯鱼随佛教传入变化而来。喜欢吞火，所以成为屋脊两端的脊兽，灭火消灾。

在汉语中，“龙生九子”成为一个固定的成语，比喻同胞兄弟各有所长。

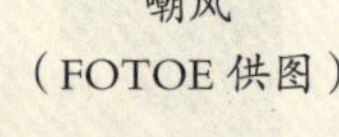

嘲风
（FOTOE 供图）

龙形垂兽
年　代：南汉
出土地：南越国宫署遗址
馆藏地：南越王博物院

垂兽一般位于脊上蹲兽之后，内有铁钉，作用是防止垂脊上的瓦件下滑，加固屋脊相交位置的结合部。

绿釉蹲兽
年　代：南汉
出土地：南越国宫署遗址
馆藏地：南越王博物院

蹲兽也是在屋顶垂脊上的脊兽，位于垂兽之前。蹲兽有固定的名字和排位，十分讲究。站在最前端的叫“骑凤仙人”，往后依次是龙、凤、狮子、天马、海马、狻猊、狎鱼、獬豸、斗牛、行什。

蹲兽的数量和宫殿的等级相关，通常不算“骑凤仙人”在内，数量须为奇数，九为最高，依次递减。但是在故宫的太和殿上，在斗牛之后增加了一个行什，表示规格至高。

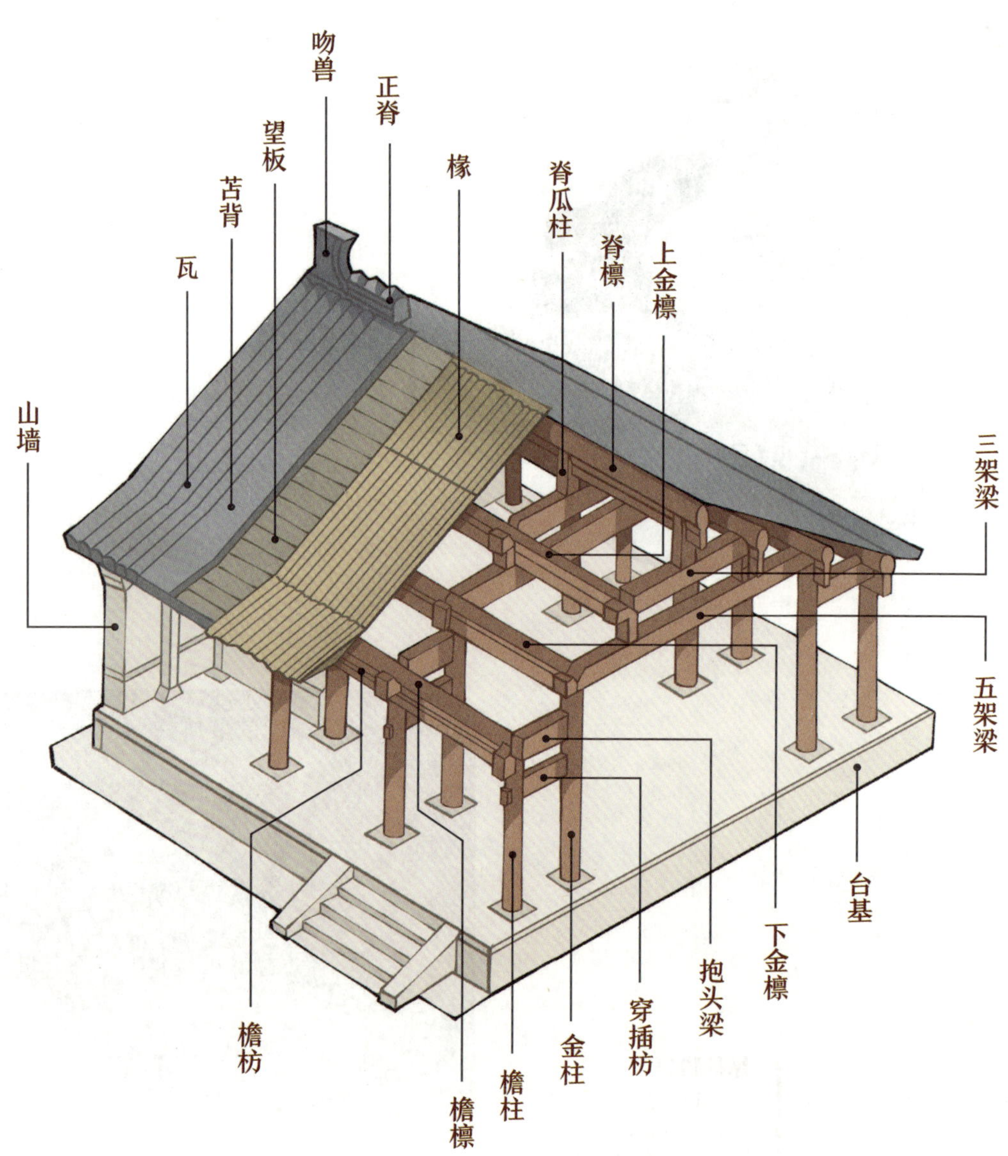

中国传统建筑的屋顶、梁柱结构示意图

小作坊

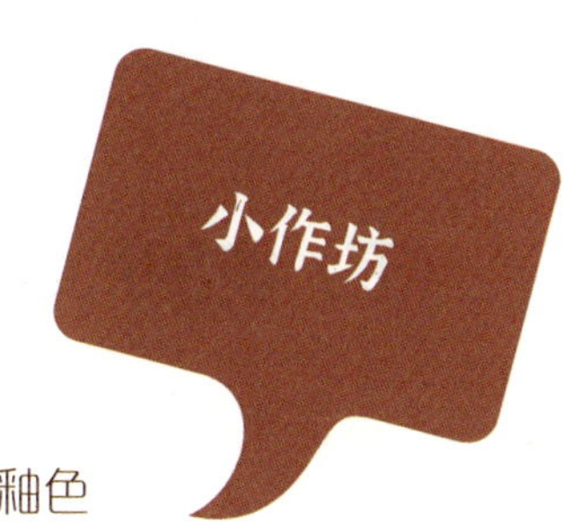

请给下面的脊兽填上你喜爱的釉色

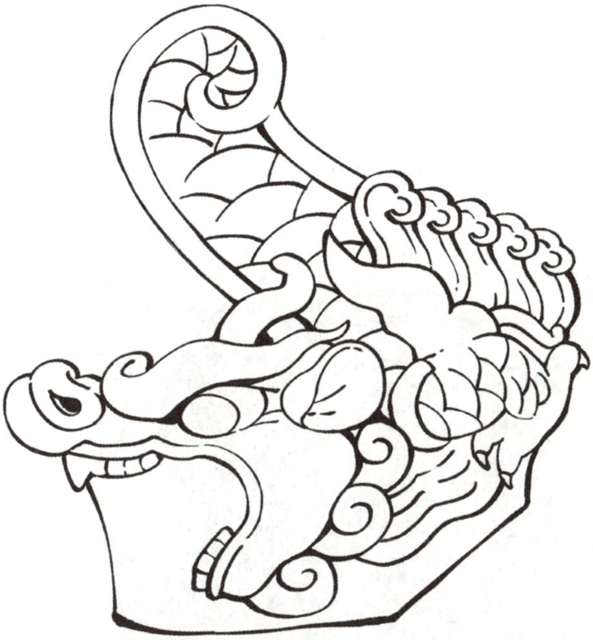

脊兽 1

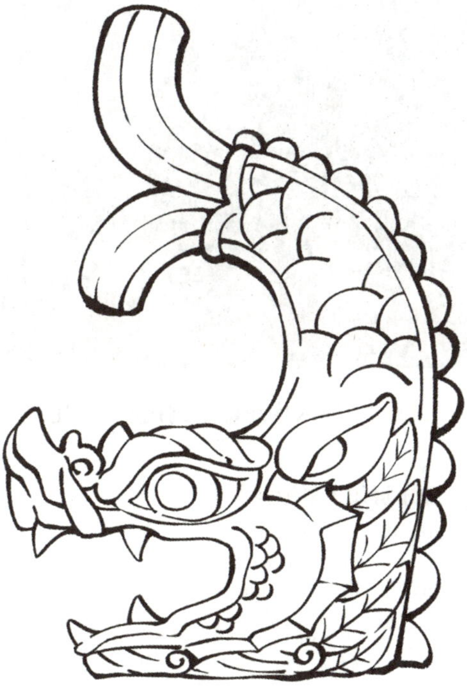

脊兽 2

（五）华丽的屏风

距今2000余年了，南越王宫里的那些陈设，多已灰飞烟灭，且痕迹难寻。但考古发现，总是有惊喜和意外的，比如被称为“屏风之王”的南越文王漆木屏风。

但这件屏风也并非真品，原件在出土时已朽烂。幸运的是，仍有5组铜质构件抵挡住

漆木屏风（复原件）
年　代：西汉南越国
出土地：南越文王墓
馆藏地：南越王博物院

这扇屏风很是热闹，楚风、汉韵、越俗齐聚，是那个时代文化融合的体现。屏风上绘红黑二色卷云纹图案，有鲜明的楚文化特点；屏风顶饰为双面兽和朱雀，这是汉文化特有的。人操蛇托座为一跪坐力士用口衔蛇、双手操蛇的造型，力士服饰、体貌为典型的越人，而蛇是古代越人的图腾，蛇纹托座也是这种观念的体现；蟠龙形托座将古越人图腾中的蛇、蛙与中原地区崇拜的龙结合在一起，反映了多民族观念走向一体化的进程。

了时间的侵蚀，它们分别是一对朱雀鎏金铜顶饰和三件双面兽首鎏金铜顶饰，以及左右对称的三对屏风托座：蟠龙鎏金铜托座、人操蛇鎏金铜托座、蛇纹鎏金铜托座。这些鎏金构件连同那些已朽烂的木质屏风，都曾见证过南越文王的日常生活：他每天从屏风中间开的小门走过，到后殿去享受自己的专属空间。

人们根据这些构件的功能以及屏风残片，复原了屏风。在今天看来，它仍称得上金碧辉煌。

朱雀鎏金铜顶饰
年　代：西汉南越国
出土地：南越文王墓
馆藏地：南越王博物院

双面兽首鎏金铜顶饰
年　代：西汉南越国
出土地：南越文王墓
馆藏地：南越王博物院

蟠龙鎏金铜托座

年　代：西汉南越国

出土地：南越文王墓

馆藏地：南越王博物院

这是屏风的左、右翼障托座，用失蜡法铸造而成，由一龙、二蛇、三蛙组成，表现的是蛇缠青蛙、龙踩蛇护蛙的场景。其中，蛇、蛙是古越人的图腾，龙是中原人崇拜的四神之一。

蛇纹鎏金铜托座

年　代：西汉南越国

出土地：南越文王墓

馆藏地：南越王博物院

托座正面一蛇与背面二蛇互相缠绕。其右上角及左上角各有一组卷云纹带饰系在蛇身上。

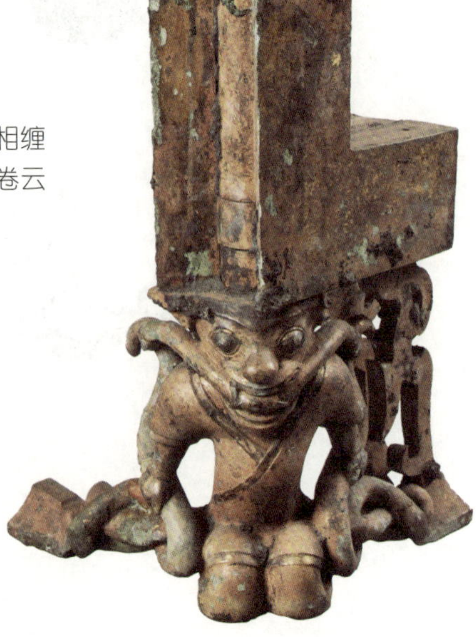

人操蛇鎏金铜托座

年　代：西汉

出土地：南越文王墓

馆藏地：南越王博物院

托座的铜人为典型的越人形象，短裤跣足，口咬、手抓、脚夹长蛇，四蛇相互交缠，下接覆斗形底座，与力士俑形成三点支撑，稳定托住屏风。

（六）高超的排水技术

用水是居住中的重要环节，如何实现生活用水的引流与排放，或以水造景，营造更好的生活氛围，都是建造者必须思考的问题。

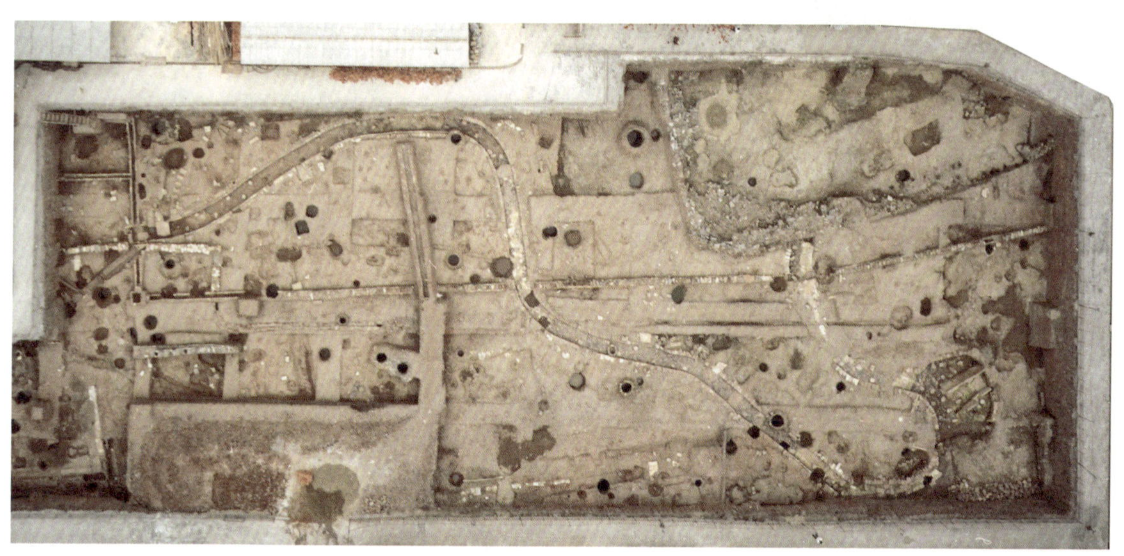

曲流石渠遗迹全貌
年　代：西汉南越国
出土地：南越国宫署遗址
馆藏地：南越王博物院

1995年和1997年，经过考古团队两次发掘，南越国宫署遗址的一座面积约为4000平方米的石构水池（蕃池）和一条长约180米的曲流石渠现出原形，这是迄今为止我国发现最早的宫苑给排水系统实例。这座石水池下埋着一条木暗槽，是为导引水池的池水进入曲流石渠而设置的。石渠极尽曲折，急弯处砌潭，又分设两处渠陂，让水流产生旋涡，泛起粼粼碧波。石渠东端建有弯月形深池，放养鱼类和龟鳖；渠西有石板平桥，旁设步石，呈现两岸绿茵、小桥流水的园趣。

南越、南汉两座王宫，均体现了古人在生活用水方面的智慧。

南越国宫署的石构水池及曲流石渠，设计奇特，构造精巧，规模宏大，是供南越王休闲时观赏的园林水景。

南汉王宫不但建筑华丽、宏伟，楼台池沼都有高超的引水与排水技术。考古发掘情况表明，南汉王宫的池苑部分位于宫殿区的东部，包括多处楼台池沼，其中，御花园的水池是在平地上开凿而成的，池壁近直，壁面贴木板护岸，木板外侧再打木桩加固，以防止池岸坍塌。池岸迎水面呈斜坡状，由太湖石和石灰岩石块层层垒砌。池中还有水榭，岸边种上了荔枝、桃、梅、枣等花果。如此齐全的水陆园林，怎么少得了发达的地下排水系统呢?

南越国宫署曲流石渠图

为龟鳖爬行进出特设的“斜口”

年　代：西汉南越国

出土地：南越国宫署遗址

馆藏地：南越王博物院

南越王宫不但有高超的引水造景技术，还懂得饲养龟鳖、游鱼增加观景的乐趣。看，这就是为水中龟鳖爬上地面栖息而设置的“斜口”。

限水阻水的渠陂

年　代：西汉南越国

出土地：南越国宫署遗址

馆藏地：南越王博物院

为了让水面形成粼粼波光，南越工匠大量使用自然河道中采集的河卵石，并设置了人工阻水装置——渠陂。事实上，它可阻水形成旋涡，又可以留水防止渠底干涸，一举两得。那时的工匠真是太聪明了！

石渠尽头的排水闸口

年　代：西汉南越国

出土地：南越国宫署遗址

馆藏地：南越王博物院

这处2000年前的排水闸口采用石材，完全具备了现代水闸的基本形制。石渠水经此流入木质暗渠，去而无踪。

你能想象得到1000多年前的广州人已经懂得用类似现代规制的管道建设地下排水系统吗？

地下排水管遗迹现场
年　代：五代十国
出土地：南越国宫署遗址
馆藏地：南越王博物院

绿釉排水明渠
年　代：五代十国
出土地：南越国宫署遗址
馆藏地：南越王博物院

南汉王宫的排水系统中，有明渠和暗渠之分。这套绿釉排水明渠横切面呈凹字形，两端有榫卯，内面表层加上了绿色琉璃釉。侧面写着编号，方便一截一截地按顺序套接起来。

青釉陶管道
年　代：五代十国
出土地：南越国宫署遗址
馆藏地：南越王博物院

这种圆形的管子是排水系统的一部分，一端有榫卯接口，表面同样写有编号数字，方便一截一截地按大小相套，形成地下排水的暗渠。

民居，有烟火味道

在广州地区，南越与南汉两个王国的宫殿早已灰飞烟灭，而属于平民百姓的居所，伴随着经济的发展，不断更新换代。广州先民凭借高超的居住智慧，建造了形制多样的房屋。

汉代模型明器的出土，让我们有机会窥见2000年前平民百姓的住宅面貌，诸如干栏式、曲尺式、三合式等类型的房屋，尤为典型；唐宋时期，广州成为东方大港，通过唐宋房屋基址的考古发掘整理，我们看到了技术与艺术均得到改进的建筑构件；明清时期，一批富有地域特色的民居建筑，如镬耳屋、西关大屋，在岭南独特地理环境和气候条件中应运而生，其中那些留存至今的，让我们有机会感受到昔日的岭南风情。最值得一提的是，因应更高的居住需求而不断发展演变的岭南园居至今已成为中国园林艺术的重要组成部分。

▶▶ 汉代广州民居想象图

(一) 人居上，畜栖下

推开汉代的一扇大门，凭栏望向那时的广州街巷，你能看到什么样的民居?

相信很多人都无法回答，因为古书上对此记载很少，在地面上，也基本上找不到那时留存下来的建筑。幸运的是，古人无意中给我们留下了不少建筑模型——陶屋。这些陶屋都是作为陪葬品而出现在各类汉墓中的，是将逝者生前所用物件等比缩小而成的模型明器。它们可以真实地反映当时社会普遍流行的住房形制。

广州出土了许多西汉及东汉时期的陶屋，各种户型，令人目不暇接，其中，以干栏式、曲尺式、三合式最为典型。

干栏式陶屋
年　代：西汉中期
出土地：广州西村石头岗
馆藏地：广州博物馆

干栏式陶屋
年　代：西汉后期
出土地：广州先烈路龙生岗
馆藏地：广州博物馆

干栏式陶屋
年　代：西汉后期
出土地：广州海珠大元岗
馆藏地：广州博物馆

干栏式陶屋
年　代：东汉前期
出土地：广州先烈路龙生岗
馆藏地：广州博物馆

干栏式陶屋
年　代：东汉前期
出土地：广州先烈路龙生岗
馆藏地：广州博物馆

广州汉墓出土的陶屋，干栏式陶屋是极具地域代表性的一种。大家都知道，岭南湿热多雨。2000年前，聪明的广州先民就意识到，如果把一楼架空，二楼住人，就能将居住空间与地面“隔离”，避免潮气的侵袭。为了有效利用空间，被架空的一楼，可圈养牲畜。这件东汉时期的干栏式陶屋就生动地展示了这种住房形态。有趣的是，广州西村石头岗出土的陶屋后院畜圈有一面高墙，墙根有洞，方便守门犬只进出。

小知识

考古发现最早的干栏式建筑：河姆渡干栏式建筑

距今六七千年的河姆渡遗址是新石器时代考古遗址，位于浙江省余姚市，这里的主要建筑形式就是以木（竹）柱底架架空一楼，类似于现在常见的吊脚楼，被称为干栏式建筑。目前，河姆渡遗址所发现的干栏式建筑是中国考古发现最早的干栏式建筑。在马家浜文化遗址和良渚文化遗址中也发现了这类建筑，证明干栏式建筑是新石器时代以来中国长江以南较为重要的一种居住形式。

曲尺式陶屋

年　代：东汉前期

出土地：广州海珠大元岗

馆藏地：广州博物馆

俯瞰这座曲尺式居屋，可以看见主屋的一侧向后伸出一处廊屋形成一个直角的形态，两屋以直角形式相连，犹如一把曲尺。大多数情况下，人们会沿着两屋砌墙围合，构成一个圈养牲畜的后院（右图），这是汉代“两屋一圈”居住形式中的一个典型。

三合式陶屋

年　代：东汉前期
出土地：广州先烈路
馆藏地：广州博物馆

这种房屋的前方正堂（下右图）与堂屋后方廊屋（下左图）配合形成凹字形，当中用矮墙连接围起后院，形成三合院的形制。一般而言，左边的廊屋作为厕所，右边的廊屋则作为畜舍。考古学家认为，这种房屋形式是在干栏式建筑之后出现的，这时的广州人已意识到用地砖铺地可解决防潮问题。

小知识

从三合院到四合院

比起三面房屋加一面墙围起的三合院格局，闻名中外的四合院建筑模式则是指四面房屋围合而成的园居格局。实际上，四合院就是在三合院前面加上门房屋舍封闭而成的。其中，呈口字形的称为一进院落；日字形的称为二进院落；目字形的称为三进院落。早在3000多年前的西周时期，四合院就诞生了。陕西岐山凤雏村周原遗址出土的两进院落建筑遗迹，是中国已知的现存最早的四合院实例。

当然，相比远古的存在，现在大家最熟悉的还是北京的四合院。北京及周边地区的四合院最大的特点是：大门通常开在东南方。

三进式四合院模型

（FOTOE 供图）

（二）豪强的庄园

东汉时，南北豪强，割据称雄。为了保证居住安全，豪强和庄园主都会在自己的住所设置防卫功能，并且还拥有私家武装。广州博物馆所藏的陶城堡和碉楼的模型，主要出土于东汉时期的墓葬中，都属于豪强庄园带有军事防御性质的建筑。在汉代，它们被称为“坞壁”。后来，在治安不好的时代，这种防御性建筑在一些地区仍会流行，明清时期陆续建起的开平碉楼也许就是这类建筑的延续。

陶城堡
年　代：东汉后期
出土地：广州三育路
馆藏地：广州博物馆

这座城堡，四面高墙，四角都有角楼，前后都有望楼，供瞭望观察使用。大门口配有武士，守卫森严，凸显军事防卫的功能。

陶望楼

年　代：东汉前期
出土地：广州西村
馆藏地：广州博物馆

望楼具有碉楼性质，俯瞰平面犹如曲尺式房屋。中间的望楼高二层，前后开窗。

小知识

开平碉楼

开平碉楼分布于江门市下辖的开平市境内，是中国第35处被列入《世界遗产名录》的文物古迹。与我们前面看到的汉代望楼类似，1800年后才陆续出现的开平碉楼也是集防卫、居住功能于一体的多层塔楼式建筑。同时，在现存的许多开平碉楼上，我们仍能看到类似上述汉代陶城堡所设的角楼式建筑，这凸显了碉楼的防御功能。

开平因位于新会、台山、恩平、新兴四县之间，历史上曾为“四不管”之地。明朝以来，土匪尤为猖獗，且台风频发，洪涝灾害严重，集防盗、防灾功能于一体的碉楼建筑就在这种情形下应运而生。明末崇祯十七年（1644），井头里村就建起了一座坚固建筑——瑞云楼，拉开了开平碉楼修建的序幕。直到民国时期，许多华侨为了保护家眷的安全，仍纷纷捐建各式碉楼。

开平锦江里村瑞石楼
（FOTOE 供图）

（三）唐宋时代的朱楼碧瓦

唐宋时期，广州已发展成为海上丝绸之路的第一大港，外国商人云集。这样的国际大都会的建筑是什么样的呢？人们的住房环境如何？那些随络绎不绝的外国商船前来的商人在这里住得开心吗？

双唇瓦
年　代：唐代
出土地：广州地铁公园前站
馆藏地：广州市文物考古研究院

考古探知，唐宋时期，广州最高行政机构也在南越国宫署遗址这个地方。这里出土了不少唐、宋建筑构件，如双唇瓦——瓦面带花边的重唇滴水瓦，这种构件主要使用于屋顶椽头之间的望板尽端。

（广州博物馆供图）

唐宋时期房基遗址 唐文化层建筑残迹
年　代：唐代
出土地：广州地铁公园前站

这两处遗址均位于广州市中心。考古学家在此发现唐宋时期房基7处、各时期的水井11口、灰坑36个。经分析，这里的房屋分布较密集，但都遭到损毁，仅遗留磉墩、沟槽和大量砖瓦等。

在11口水井中，考古学家发现一口南朝时期的砖井，它沿用到唐代，后被宋代的房基打破。在井内，考古学家们发现了唐代莲花瓦当、双唇瓦、鬼面瓦、筒瓦等建筑饰件。

这两处遗址的灰坑数量以宋代的为多，其中的第29号灰坑较大，出土了大量生活日用品，如碗、碟、盘、杯、罐、瓶等，反映这个地方正是当时的一个居住区。

（广州博物馆供图）

府学西宋代建筑遗址 宋代砖走道
年　代：宋代
出土地：广州地铁公园前站

遗憾的是，唐宋时期广州的民居建筑已无存，尽管考古学家们一直努力寻找，但出土的文物也一时难以拼凑出较为完整的当时的居住场景，因此，上述问题仍有待解决。这里，我们借助当时画家所绘的其他地区的民居建筑，帮助读者从中窥见广州民居建筑之一斑。

《雪堂客话图》（局部）（宋）夏圭　绘
（广州博物馆供图）

《雪堂客话图》是宋代名画，画中所展示的房屋，类似岭南的干栏式建筑。底层以木架架空，防止流水淹没毁坏地板。为了遮阳，房屋外檐下还设有用于避风、遮阳、调节室内温度的窗扇。这种窗一般附属于主窗之外，拥有上下开合的功能，类似支摘窗，称为“榻”。岭南高温多雨，这样的房屋结构在当时的广州应不会少见。

小知识

屋顶上的望板和滴水瓦

望板（见第134页），又称屋面板，是铺设于屋顶椽子上的木板，用以承托屋顶瓦片。大家可以看到，椽子之间有一定的距离，这段距离都由望板封闭填平。一般而言，椽子上都会以筒瓦覆盖，而椽子之间的望板上则以板瓦覆盖。

我们知道，椽子靠屋檐的末端有上拱圆形或半圆形的瓦当加以保护，那么，椽子与椽子之间的望板末端又靠什么保护呢？同样地，工匠会在这个位置铺上连着瓦当当面的板瓦，只是这种瓦当的当面通常呈下拱的半圆或小于半圆形的弧度，向下垂出，与椽子末端的瓦当的拱向相反，方便导引雨水从屋顶顺势下滴，又被称为滴水瓦（见第129页中图）。上面提到的双唇瓦就是滴水瓦中的一种。

菊花纹瓦当

年　代：宋代
出土地：南越国宫署遗址
馆藏地：南越王博物院

我们的祖先喜欢将寓意吉祥美好的纹饰装饰在建筑构件上，从秦汉到唐宋都没有变过，唯一改变的是纹饰里所用的字词和花式，每个朝代都不一样。宋代菊花文化兴盛，从皇家到寻常百姓都喜欢菊花。人们将这种风尚延续到各类器物上，比如龙泉窑瓷器和瓦当，就有不少以菊花作为纹饰。

（广州博物馆供图）

光孝寺

地　点：广州市越秀区光孝路

光孝寺是广州著名佛教寺院建筑群之一，相传，三国时期，吴国虞翻被贬广州时就住在这里。虞翻死后，他的家人把这里辟作寺院，最初叫做制止寺，南宋以后才改名为光孝寺。

作为岭南较古老、规模较大的佛教建筑之一，光孝寺无论是主要建筑还是相关文物，都有着悠久的历史和独特的风格。始建于东晋的大雄宝殿，南朝时达摩开凿的洗钵泉，南汉的千佛铁塔，宋明时期的六祖殿、菩提树等，都是珍贵的佛教遗迹遗存。建筑装饰中的佛教美术图案题材丰富，体现出佛教在岭南地区发展过程中的传承和变化。寺内的建筑呈对称分布，各个分区之间采用连廊贯通，形成虚实相间、动静结合的建筑空间。

小知识

唐代广州的蕃坊

形形色色的外国商人在你身边穿行而过，有白肤高鼻的西亚人，有裹着头巾的印度人，有肤色黝黑的非洲人，空气中弥漫着孜然、奶酪、肉桂的气味……这情景，在唐宋时期广州的蕃坊很常见。

唐宋时期，前来广州经商的外国商人有的在此小住，并赶第二年季风归航，有的则索性定居下来。当时的外国商人中，以波斯、大食等阿拉伯商人居多，又有一定数量的印度人、非洲人等。为了更好地“招商引资”，也为更方便地管理这些外国商人，当时的主政者划出了一个专供他们居住、生活的区域，即蕃坊，位置在今天的海珠中路、光塔路、惠福路附近。那时，这里是靠近码头的“码头区”。

“宾至如归”是设立蕃坊的首要目的，这些外国商人在以怀圣寺为中心的蕃坊中可以如常进行礼拜，能吃上家乡口味的食物……住得舒适，自然乐于长期往来广州经商。

（四）多姿多彩的明清居室

广州人的建筑智慧，到了明清时期又迎来了一次大爆发。比起秦汉、唐宋这些仅存考古遗迹堆叠的时代，明清时期建起的民居有许多至今仍保留较好，可供人们亲身体验和感受。

（FOTOE 供图）

大岭村民居

地　点：广州市番禺石楼镇

大岭村原名菩山村，背靠菩山，面朝玉带河，宋朝开村，是广州首个中国历史文化名村、第一批中国传统村落、首个全国美丽乡村示范村。它的古老，蕴藏于那些带着岁月沧桑的石桥、古塔、祠堂、门楼、牌坊、石板路等古迹里。村落背山面水，大街一小巷格局呈鱼骨状，是古代广州人居住理念实践的范本。村中分布着蚝壳屋、镬耳屋等岭南传统民居。

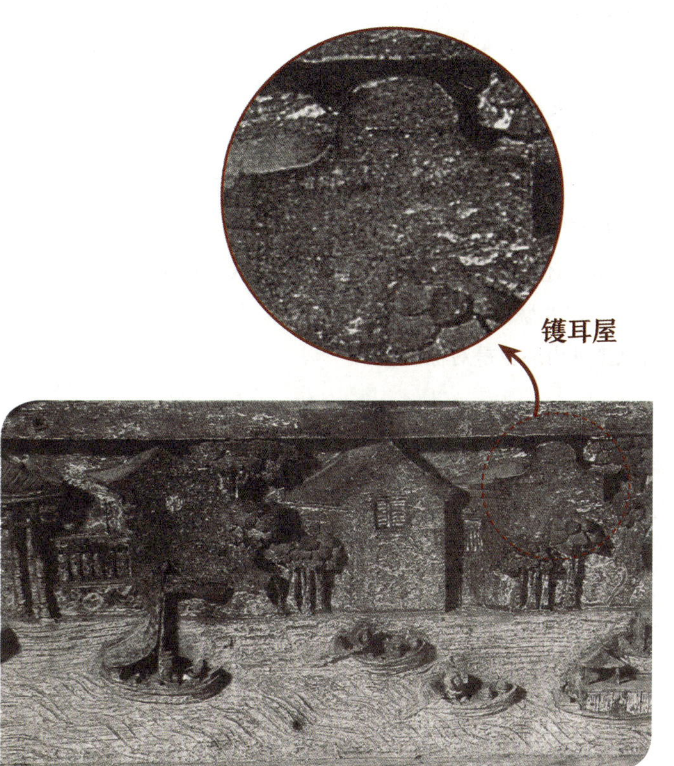

岭南地区拥有独特的气候，在住房建筑的形制和结构上，我们的祖先合理地融入了对环境条件的考量，因地制宜，就地取材，创造出独特的房屋形制，如山墙形似镬耳的镬耳屋、“变废为宝”的蚝壳屋，融合诸多广府建筑艺术及工艺精华的西关大屋等。这些形制特别的房屋，有些装潢华丽，有些简洁质朴，共同点是既通风，又阴凉，成为这一时期广州人最温馨的家。

《珠江江城图》封檐板
年　代：清代
馆藏地：广州博物馆

这件封檐板发现于广州市从化区钱岗古村广裕祠附近的西更楼上，由樟木雕刻而成。图案生动再现了清朝初年广州珠江北岸沿江二十余里的美丽风景，其中不乏各类岭南民居的身影。不少房子的屋顶呈上陡下缓状，适应岭南多雨气候，配合周边榕树，形成阴凉通风的宜居环境。另外，镬耳屋在画面中也随处可见。

小知识

什么是封檐板

封檐板是指钉在屋檐下望板末端或山墙顶部外侧的挑檐处的木板，它不仅可以增加建筑的美感，还可起到保护望板末端的作用。

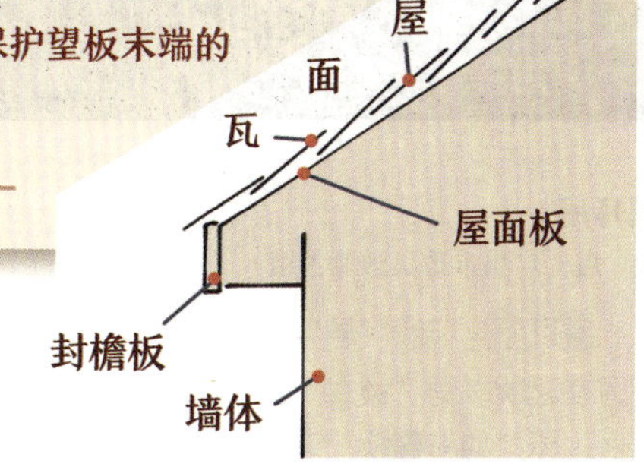

封檐板位置示意图

小知识

中国古代民居的山墙

在中国古建筑中，与屋脊垂直相交的两端墙面有个颇有意境的名字——山墙。山墙的主要作用，是支撑屋顶隆起，是承重墙，而那像山一样隆起的屋顶被称作“屋山”。此外，山墙还有防盗、防火的作用。广府民居中最有名的山墙称“镬耳”（古人将形如大盘、用于煮食的大锅称为“镬”，它的提耳即镬耳。镬耳成双，所以镬耳山墙也是对称出现）。

（FOTOE 供图）

镬耳屋

地　点：广州市番禺沙湾古镇

镬耳屋是广府民居独特房型中的一大代表，它的特殊形态，甚至成为广府文化的一个视觉标志。这种房屋之所以有“镬耳”的称谓，是因为它的两面山墙上都有类似镬耳状的凸起。镬耳如同古代官帽的两耳，具“独占鳌头”之意。最初，只有取得功名的乡绅方能建造镬耳屋，后来发了财的村民也可以建造，以显示自己的富有。镬耳屋在番禺区的沙湾古镇随处可见。这座始建于南宋的村落，保存了大量明清至民国时期的建筑，被誉为岭南民间建筑艺术的博物馆。

（FOTOE 供图）

蚝壳屋

地　点：广州小洲村西园三巷 9 号

看过本书第一章的读者都知道，广州先民爱吃海鲜，蚝类就是其中重要的一种。但你能否想象，吃完蚝肉余下的蚝壳还可以怎么“废物利用”呢？

在珠三角地区的一些古村落中，分布着一种外墙用蚝壳堆叠砌起的房子——蚝壳屋，它是岭南先民建造的极具代表性的房型之一。用于建墙的蚝壳，是人们就地取材，从海岸沙堤中掘出或经食用后剩余的，使用前，要经过清洁和晾晒。由蚝壳砌起的房屋不惧海水与湿咸空气侵蚀，历数百年而不倒，冬暖夏凉，不怕虫蛀，不惧雨淋。

（荔湾区博物馆供图）

西关大屋

年　代：清代
地　点：广州逢源北街 82 号

自清代至民国，西关大屋都是广州最具代表性的一种城区民居，在荔湾区老西关一带分布最为集中。其中较为豪华的，主要由清代的买办和商人所建。荔湾博物馆内的西关民俗馆，本身就是西关大屋。

西关大屋高大明亮，多为砖木结构，一般具备包括吊扇门（脚门）、趟栊门以及硬木大门所组成的门户“三件头”，大门下有青砖石脚，内有天井和木楼梯。大多数西关大屋内都镶嵌着色彩斑斓的满洲窗，摆放着各式各样的广式家具，独具岭南风情。

小知识

趟栊门

所谓“趟栊”，其实就是一个活动的栅栏式装置，一般以13或15根坚硬的圆木条（一般为红木或硬木）构成，可横向推拉开合。西关大屋上的吊扇门和趟栊门两两配合，既美观，又有通风和安保作用，许多老广州人居家时喜欢敞开硬木大门而合上趟栊门来让屋内透风，可见这是为适应岭南炎热多雨的气候而特制的建筑构件。

西关民俗馆的趟栊门
（荔湾区博物馆供图）

(五) 了不起的岭南园居

珠三角地区山水秀丽，濒河临海，优美的自然环境，也促使先民们一直追求自然化、艺术化的园居生活。

岭南园居艺术历史悠久。2000年前，南越王宫已拥有形制完备的皇家池苑，后来的南汉王朝，更是辟建了规模宏大的宫廷园林。

南越国与南汉国时期，配合皇家殿苑设计的皇家园林是汉唐广州园居艺术的典范，它们是王室居所中的一个不可分割的部分。其中，南汉朝廷所兴建的一批水利园林直至现在都深刻影响着广州的城市园林规划，如广州人熟悉的流花湖、药洲遗址都是当时皇家园林的一部分。

（FOTOE 供图）

流花湖

南汉皇室开辟了名为甘泉苑的皇家园林，范围东至今白云宾馆，西至今流花湖一带，中部为越秀山分隔而成东、西两大部分，横浦作为贯通东西两边的水道，可通舟楫。甘泉苑西区的中心地带在当时的流花桥一带，又称芳华苑。南汉朝廷疏凿兰湖，引入甘溪的水，使其通过横浦与甘泉苑的东区相连，今天的流花湖就是古兰湖的一部分。

（FOTOE 供图）

药洲遗址

年　代：五代十国

地　点：广州越秀区教育路

1000多年前，南汉的开国皇帝刘龑在今天的西湖路一带，利用原来的天然池沼，凿了个大湖，名叫西湖，或称仙湖，湖上建洲，用以炼丹求药，称为药洲。这也是南汉皇家园林的一个组成部分。

传说，当时的仙湖之上有九块奇形怪状的石头，是对应天上的星宿而设的，称为“九曜石”。这座庭园作为南汉宫苑的后花园在我们的城市里存留了千年之久：宋代时是士大夫避暑吟咏的胜地，明清时则成为全省文教的最高官署，是我国现存较早的皇家园林地上遗存。

承此传统，明清时期的行商花园、文人花园也有不少成为造园典范。一座座拥有独特风貌的园林式民居，造就了中国传统造园艺术三大流派之一的岭南园居艺术，它的影响力甚至波及了西方的建筑艺术。

海山仙馆

年　代：清代

地　址：故址在今广州医科大学附属第三医院一带

（广州博物馆供图）

18—19世纪初，现在的海珠区、荔湾区一带，私家花园林立。这些大型的庭院式住宅多由十三行富商建造，规模宏大，十分华丽，被称为“行商花园”。它们不仅是岭南园林的巅峰之作，还掀起了“中国式庭园”在欧洲传播的风尚。

清朝道光年间，广州富商潘仕成将荔枝湾方圆几百亩地买下，建起了他的私家豪宅——海山仙馆，这座园林别墅堪称当年的岭南第一名园，门前有“海上神山，仙人旧馆”的名联。

这座花园别墅最大特色：利用荔枝湾畔的荔枝林，使岭南固有的枝藤缠蔓与田园景观融合，达至“情景互衬，天人合一”的境界，进而呈现出岭南园林艺术最高超的境界与神髓——素雅且精致，格局井然不紊、参差无乱。

通草画《行商园林图》

年　代：19世纪

馆藏地：广州博物馆

行商花园中最具代表性的莫过于行商潘振承、伍秉鉴及其子孙所建造的潘家花园、伍家花园，它们分别坐落于今天海珠区漱珠涌（今南华西街一带）的西边和东边，以当时河南一带的纵横水网为造园基础。

当时，清政府规定来广州经商的洋人不能自由活动，洋人每个月只有两天时间可以从河北十三行坐船到河南海幢寺以及行商的私家花园里游玩。而进入海幢寺的必经之路就是漱珠涌。当时两岸的潘家花园和伍家花园，美轮美奂，让洋商目瞪口呆。据说，当年这里的繁华盛景堪比秦淮河畔。

这些行商花园都是室内装潢与室外园林相映生辉的豪华园居。其中，潘家花园占地近20公顷，东西宽约300多米，南北长约600多米，相当于25个标准足球场那么大，足见其规模。

小知识

广州园林影响欧洲

当时到广州经商的外国人，都以能够获许进入行商花园参观游览为一种宠遇。1742—1744年间，英国建筑家钱伯斯曾两次来到广州考察庭园建筑。他将中国建筑的设计风格带到了欧洲，极大地影响了18世纪西方建筑“中国风格”的发展。

余荫山房
年　代：清代
地　址：广州番禺南村

余荫山房是清代举人邬彬的私家花园，建成于清同治十年（1871），与清晖园、可园、梁园一道合称为“岭南四大名园”。

余荫山房能够体现出富裕的岭南人在日常起居中融自然于生活的人居理念。观赏园景，以美妙景致提升生活情趣，是他们居住智慧中不可或缺的。据闻，邬彬在京任职时曾经获得贝勒爷赠送的一幅水粉画，他在建造余荫山房时就借鉴了这幅水粉画以及海山仙馆的造园技法。这座园林最大的特点是布局巧妙，以“藏而不露”和“缩龙成寸”的手法著称，造就了园中有园、景外有景的绝妙效果。

（FOTOE 供图）

（FOTOE 供图）

十香园

地　址：海珠怀德大街

十香园是清末广州著名画家居巢、居廉堂兄弟居住、画画和授徒的地方，有“岭南画派的摇篮”盛誉。传说当时他们为了作画写生，在这座庭园里面种上了素馨、瑞香、夜来香、鹰爪、茉莉、夜合、珠兰、君子兰、白兰、含笑十种花卉，所以这座庭园才被称为十香园。

重建后的十香园置有小桥流水、池塘连廊，果木扶疏，气序和畅，这样的居住形式，强调的是对居室主人兴趣与情致的承托，重建与大自然、外部世界的联系，营造出大隐隐于市、小隐隐于野的逸趣。

《十香园》图
（广州艺术博物院藏）

房子里的『广州奇工』

明清时期，在传统手工艺技法基础上，广州工匠海纳百川、中西共融，创造了既有地域特色又富时代特征的工艺精品。就建筑装饰来说，灰塑、陶塑、满洲窗、广式家具堪称经典。这些独具岭南特色的艺术珍品，既有中华传统文化的韵味，又隐现西方艺术的影响，是开放的东方大港带来的新气象。

▶▶ 西关大屋书房陈设（荔湾区博物馆供图）

(一) 檐壁上的精灵：陶塑、灰塑

不仅是人，居住的房屋要好看，也是要化妆的。给屋脊、墙檐作美化的装饰，即脊饰，就是人们给房屋“化妆”的手段之一。

前面我们讲到脊兽时，已经聊过脊饰的相关知识。在讲到汉代民居时，展示了出土陶屋简单的脊饰。明清时期，陶塑脊饰已成为岭南建筑装饰中的一大代表，形成独特的地域风格。广州民居所用到的脊饰，多由

陶塑脊饰
年　代：清代
馆藏地：广东民间工艺博物馆

陈家祠是陈氏宗族子弟赴省城广州备考科举、候任、交纳赋税、诉讼等事务时的临时居所。这座建筑的陶塑脊饰堪称石湾陶塑的典范。戏曲人物是陶塑脊饰的主要题材之一，而由于脊饰须仰视观看，陶塑艺人会将人物做成略向前倾的造型。他们熟悉戏曲生、旦、净、末、丑各行当，因此作品特色鲜明，生动有趣，为屋顶增色不少。

佛山石湾窑生产，称为“石湾陶塑”。这些脊饰表面施以各色釉料，以人物、动物、花卉及亭台楼阁等造型拼装组合，虽经日晒雨淋，但不褪色，适合岭南高温多雨的气候，成为广府地区别具一格的建筑艺术门类。

石湾窑三彩鳌鱼（陶塑）
年　代：清代
馆藏地：广州博物馆

所谓鳌鱼，就是前面我们提到的龙的九子之一，为脊兽。相信各位读者一定还记得它的习性，知道它为什么“站”在屋脊两端吧？这件石湾窑生产的陶鳌鱼，曾是佛山一家祠堂屋脊上的脊饰，有“独占鳌头”的吉祥寓意。

小知识

广府舞狮习俗的由来

相传，明代佛山人梁某某在家门口立了一对西樵山石料做的石狮子，它们日久作怪，搅得村民不得安宁。纸扎艺人便制作出独角狮，每当石狮子作怪，就舞动独角狮将石狮制服。后来，这种舞狮行为被赋予了辟邪消灾、祈求国泰民安的吉祥寓意，并衍化成在广府地区广为流行的舞狮习俗，独角狮也因寓意吉祥而被用于屋顶装饰。

灰塑是广府地区特有的建筑装饰，色彩艳丽、立体感强，多运用在山墙顶端、门额窗框、屋檐瓦脊等处。因材料中有草根灰、纸筋灰、色灰三种必需的材料，“灰塑”之名由此而来。灰塑的题材范围广泛，包括历史故事、民间传说、传统风俗、神话和历史人物、祥禽瑞兽、花卉果木、自然人文景观以及几何纹案等，大多蕴涵福、禄、寿、喜、财、多子多孙和吉祥如意的思想，是中国传统吉祥文化的承继。

垂脊独角狮（灰塑）
年　代：清代
馆藏地：广东民间工艺博物馆

萌萌的灰塑独角狮立于陈家祠主体建筑的垂脊上。所谓独角狮，就是大家平时在舞狮表演中看到的南狮，区别于没有独角的北狮，也是岭南建筑独有的建筑装饰物。

（二）户上着千色：广式彩色玻璃窗

大家到陈家祠、余荫山房游览，去泮溪酒家、南园、北园喝早茶时，都会见到一种像七巧板一样，红橙黄绿蓝靛紫共耀的彩色玻璃窗户，那就是广式彩色玻璃窗，俗称“满洲窗”！它是清代广府传统居室和园林中必不可少的构件，用途涉及窗、门与隔扇、屏风，既漂亮，又可用于散热通风。它的窗体是中国传统的窗式结构，玻璃材料则是从欧洲来的进口货，图案又是原汁原味的中国风，由广州工匠创制。

宝相花圆镜格心套红“福在眼前”玻璃窗
年　代：晚清—民国
馆藏地：广州博物馆

广式玻璃窗上最常见的，就是各种套色玻璃画。什么是套色玻璃呢？工匠在吹制玻璃时，让膨胀系数一致的不同玻璃色料粘在一起，这样一块玻璃就出现两个色层，形成“套色玻璃”。用工具或酸蚀溶液在套色玻璃的有色面锉出或腐蚀出图案，就成为独特的广州制作——套色玻璃画。这些套色玻璃画所描绘的基本都是中国传统图样，有吉祥的寓意。

这扇窗窗心的套色玻璃画图案是蝙蝠与铜钱的组合。蝙蝠的“蝠”与“福气”的“福”谐音，铜钱的“钱”与“眼前”的“前”也同音，有“福在眼前”的吉祥寓意。

广式玻璃窗的窗边框，称“窗梆”；窗梆里的通透部分叫做格心；窗面中部棂条与玻璃组合起来的部分为画心，是窗面的视觉中心。工匠用中国传统的棂条组合成多样的吉祥图案，又在棂条之间的空隙嵌入彩色玻璃，即做成广式玻璃窗。它已成为具有视觉冲击力的岭南文化符号之一。

格心

窗梆

画心

棂条

衬底

花结盘长海棠格心套红十八学士玻璃窗（部分）

年　代：晚清—民国

馆藏地：广州博物馆

广式玻璃窗上套色玻璃画的题材非常多样，除了山水花草，还有人物塑像。这套玻璃窗所描画的就是唐代的十八学士，有杜如晦、房玄龄、虞世南、薛收、孔颖达、颜相时等。

卷草海棠花结式格心菠萝片玻璃窗
年　代：晚清—民国
馆藏地：广州博物馆

广式玻璃窗上镶嵌的彩色玻璃，不仅色彩丰富，还有多样的工艺类别。例如这扇窗户中部的海棠，所用的工艺是菠萝片，即在单色玻璃硬化前用刻有花纹的辊筒在上面压出如菠萝表皮一样的纹样。

（三）南木生花：广式家具

两千多年来，广州一直是我国重要的对外交流门户，西风东渐，这里的人们能最先感受到。清代中叶，广州城里已出现了不少模仿西洋风格的建筑，因应建筑风格的变化，室内家具也逐渐赶上中西合璧的潮流。这种家具有以下几大特点：

清代　通草画《官邸生活图》
（广州博物馆藏）

第一，用料宽裕不差钱，不论弯曲度多大，都不拼接，一块木料直接挖成。

第二，花梨、酸枝、紫檀、坤甸、鸡翅木等名贵木材，绝不掺料。

酸枝云石公座椅
年　代：晚清—民国
馆藏地：广州博物馆

镶嵌云石是广式家具常用的工艺。云石又以白如玉、黑如墨的最珍贵，白底黑纹的叫"春山"，白底绿纹的叫"夏山"，白底黄纹的叫"秋山"。多么富有诗意的名字！

酸枝镶瘿木藤面宝座
年　代：晚清—民国
馆藏地：广州博物馆

宝座是以藤席为座面。藤席散热性好，坐着舒服，适合岭南的炎热气候，是广式家具中十分接地气的一款。

第三，雕刻工艺过硬，大量融入西方洛可可与巴洛克风格图样，花草果木、龙飞凤舞，精致程度让人惊叹。

第四，多用镶嵌工艺，以嵌云石、嵌螺钿最为常见。

酸枝通花葫芦信公座椅
年　代：晚清—民国
馆藏地：广州博物馆

广式家具对雕刻技法尤为讲究。这件公座椅的靠背板心以原木雕出“葫芦万代”吉祥图案，没有拼接痕迹。图案的枝、叶像真的一样，连最细嫩的叶片都被精细镂刻。工匠的用心，可见一斑。

第四章

出行有舟车

在没有导航的年代，你可知道东汉的杨孚、南宋的崔与之、明代的湛若水，清代的康有为、梁启超等文化名人，是如何从广州翻山越岭、行舟破浪而踏入中原的？你又是否知道，西汉外交家陆贾、唐代诗人王勃、宋代大文豪苏轼等，是如何经历万水千山抵达广州的？

广州，北有南岭，南濒南海，却没有因为山海阻隔而妨碍自身发展，更以其繁荣昌盛而跃为中国南方都会，这又是凭什么呢？

中原的商品、文化、人才不断涌入，来自海上丝绸之路的域外珍宝及海外文化又从这里输入内地，广州通达四海、经济发达的根本动能，正在于通畅的水陆交通：西京道、大庾岭道等陆路跨山越岭，沟通广州内外，马车络绎不绝，打破了地理界限，实现了交通往来；南海连通珠江，其支流西江、东江、北江如血脉延伸，航行于大小水道、通向南海的船只，不仅让先民出入于河陆之间，更成就了这座『千年商都』『天子南库』。

想知道广州先民水陆出行的过往吗？请往下看看吧。

车尘马迹

最早，人类通过步行解决出行需求，而随着社会的发展、出行范围的扩大，被驯化的动物逐渐成为人类的交通工具，以牲畜为驱动力的车舆逐步出现。早在夏朝初期的大禹时期，工匠奚仲就创造了世界上第一辆真正意义上的畜力车，并进一步发展出“驯马拉车”的模式。商周时期，车马形制与数量已成为地位和财富的象征。周朝末年，马车从单辕演变为双辕，堪称中国车辆发展史的里程碑。

据说，周人对车舆特别重视，把驾驭马匹等牲畜驱车而行的技能列入“六艺”之中，称为“御术”。“御术”在中国历史悠久，是古代车马交通的根基所在。同时，从上到下，社会形成了一整套的交通礼仪。比如帝王出行，讲究车马仪仗，与大臣及平民出行不同。这一点，南越王也有样学样，他们的车马同样有排场。而对老百姓而言，驱牛策马，甚至利用人力取代牲畜，驱动轿舆，也是需求。如何坐得舒适、行得舒心，曾行走于陆上的每一个广州先民对此都有思考，并贡献了智慧。

▶▶ 南粤古驿道示意图（参照广东省住房和城乡建设厅发布的《南粤古驿道路线图》绘）

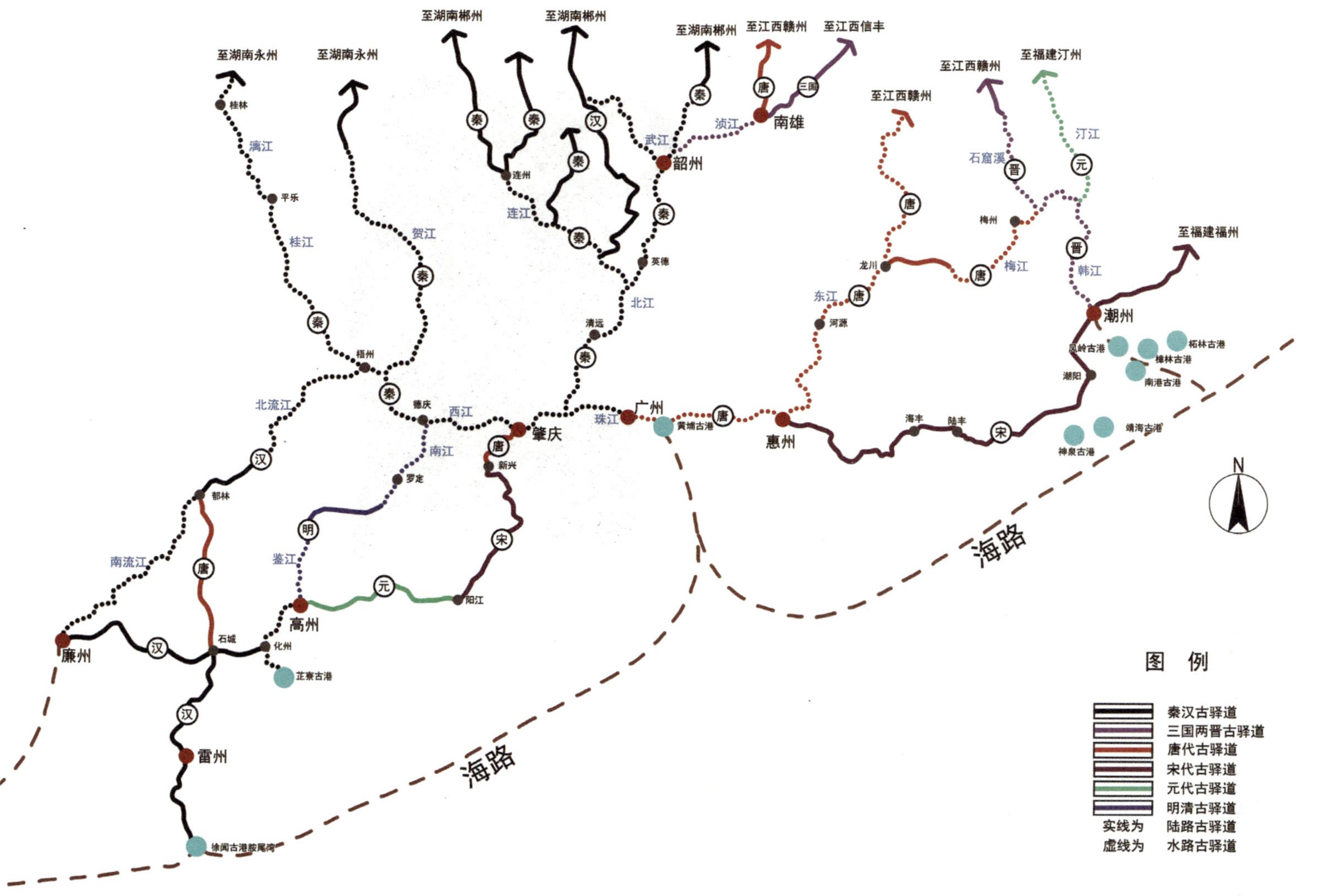
至湖南永州
至湖南永州
至湖南郴州
至湖南郴州
至湖南郴州
至江西赣州
至江西信丰
至江西赣州
至江西赣州
至福建汀州
至福建福州
桂林
漓江
平乐
桂江
贺江
连州
连江
韶州
武江
浈江
南雄
三国
英德
北江
清远
梧州
北流江
德庆
西江
肇庆
新兴
南江
罗定
广州
珠江
黄埔古港
惠州
东江
河源
龙川
梅州
梅江
石窟溪
汀江
韩江
潮州
凤岭古港
柘林古港
樟林古港
南港古港
潮阳
海丰
陆丰
靖海古港
神泉古港
郁林
南流江
鉴江
阳江
高州
石城
化州
芷寮古港
廉州
雷州
徐闻古港胺尾湾
海路
海路
N
图例
秦汉古驿道
三国两晋古驿道
唐代古驿道
宋代古驿道
元代古驿道
明清古驿道
实线为 陆路古驿道
虚线为 水路古驿道

(一) 南越文王的车马仪仗

车和马是古代陆上的主要交通工具，承担了当时几乎所有的陆上运输。对皇室贵族而言，车马既是出行的代步工具，又是身份地位的象征。我国的商、周、秦、汉时代的贵族墓中，经常用铜车马器作为随葬品。

与汉武帝同时代的南越文王，出行自然也少不了车马。或许，他乘坐的马车曾经疾驰过今天的北京路，并沿着驿道行至边疆视察。至于他乘坐的马车是何等模样，今天已不得而知。但他墓中出土的铜车部件，或可让我们窥见其车马仪仗的一斑。

错金铭文铜虎节
年　代：西汉南越国
出土地：南越文王墓
馆藏地：南越王博物院

虎节是我国古代传达命令、征调兵将、出使外域等的一种凭证，具有关口通行、驿站食宿等用途。一般用铜制成。

南越文王墓还出土了西汉时期的仪仗饰和一组车具构件。

蟠龙纹鎏金铜仪仗饰

年　代：西汉南越国

出土地：南越文王墓

馆藏地：南越王博物院

仪仗饰是帝王外出时护卫所持有的旌旗、伞等器物，以彰显帝王的威严。南越文王墓墓道出土有8件仪仗顶饰和9件铜镦，出土时木制仪柄已朽。

错银铜伞柄箍

年　代：西汉南越国

出土地：南越文王墓

馆藏地：南越王博物院

设置于车盖处的伞柄箍，主体为铜，采用错银工艺装饰。

盖弓帽

年　代：西汉南越国

出土地：南越文王墓

馆藏地：南越王博物院

装套在车盖弓骨末端的构件。

鎏金铜车軎
年　代：西汉南越国
出土地：南越文王墓
馆藏地：南越王博物院

用来固定车轴轴头的构件，一般用金属制作，安装在车轮两个轴端。

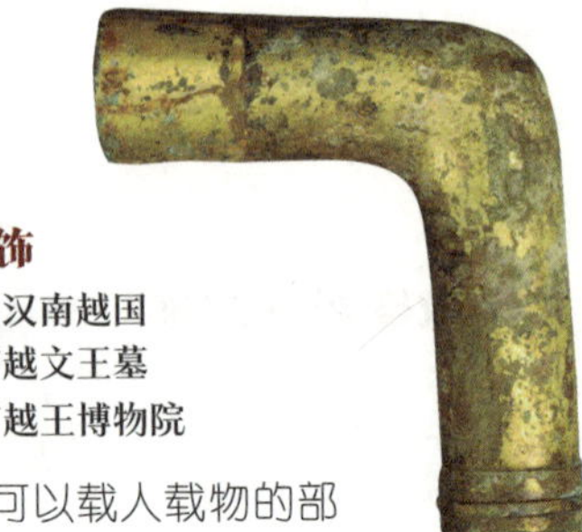

鎏金铜舆饰
年　代：西汉南越国
出土地：南越文王墓
馆藏地：南越王博物院

车上可以载人载物的部分就叫“舆”，舆饰就是这个部分的装饰构件。

鎏金圆筒形衡末饰
年　代：西汉南越国
出土地：南越文王墓
馆藏地：南越王博物院

架在前方牲畜颈背上的横木叫“衡”，衡末饰是套在衡两头末端的装饰构件。

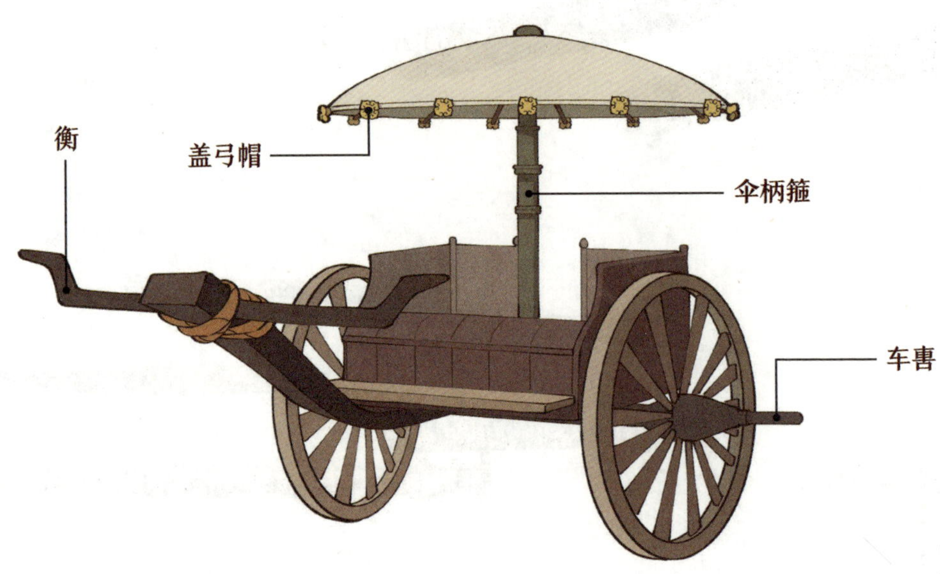

单辕马车结构简图

车马具示意图

小知识

截辕杜辔 · 滴如车轴

汉语博大精深，许多事物都可以融入成语中，车马构件（见上图）也不例外。

成语“截辕杜辔”的“辕”是指车前驾牲畜的直木或曲木，“辔”则是驾驭牲口用的缰绳。这个成语的意思是拦驾，阻挡他人前来。

成语“滴如车轴”的“轴”是指穿入两个车毂辘固定在车厢下方承重的圆棒。所谓“滴如车轴”，是指雨点大如车轴，形容雨下得很大。

除了车饰，南越文王墓还出土了一组马具。马具中最讲究的当属马面饰当卢，银制或铜制，上面做出各种花纹。马络头饰由项带、额带、鼻带、咽带、颊带等组成，上面常串以小铜管、小铜泡或铜贝饰，带子纵横交叉处装有四通球面形节约。

带刺铜衔

年　代：西汉南越国
出土地：南越文王墓
馆藏地：南越王博物院

“衔”就是俗称的“马嚼子”，是在马笼头中让马口咬住的一根坚固的金属棍子，又叫“衔铁”，用于帮助骑手控制马匹的行进速度或让马停步。

兽纹鎏金铜当卢

年　代：西汉南越国
出土地：南越文王墓
馆藏地：南越王博物院

当卢也称作“当颅”，是放置在马首的鎏金饰物，饰于马额的中央。

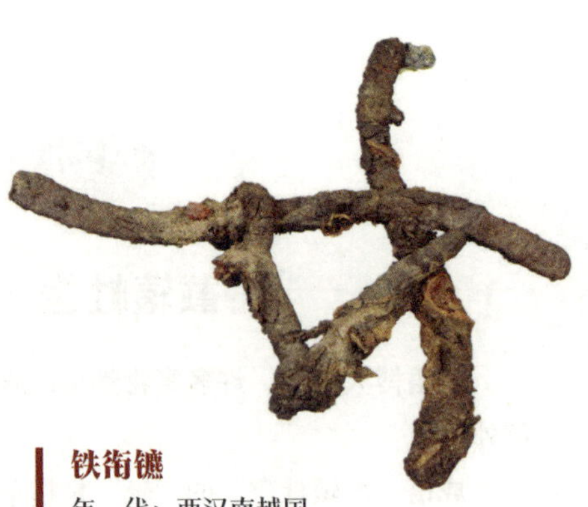

铁衔镳

年　代：西汉南越国
出土地：南越文王墓
馆藏地：南越王博物院

镳是穿在马衔的两环中以防马衔脱落的部件，并用以制驭马的行止。

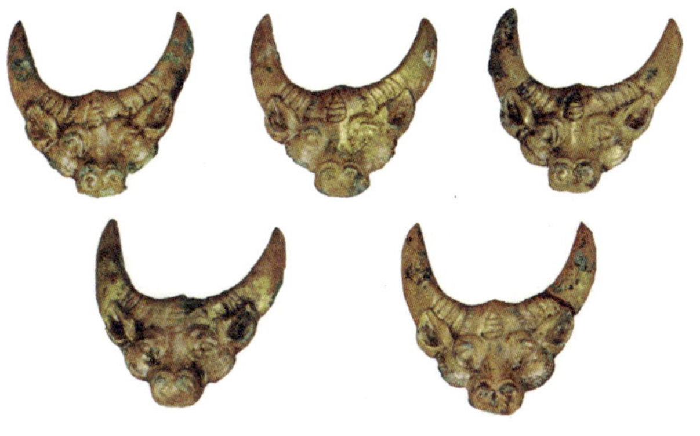

鎏金牛头形铜钉泡

年　代：西汉南越国

出土地：南越文王墓

馆藏地：南越王博物院

铜钉泡用于装饰马匹身体。

铜熊形节约

年　代：西汉南越国

出土地：南越文王墓

馆藏地：南越王博物院

所谓“节约”，最开始并没有节省、节俭的意思。它原本是装配在马头上的一种管状物，中间可以穿绳子，用来连接络头或辔带，以控制马匹的行止。

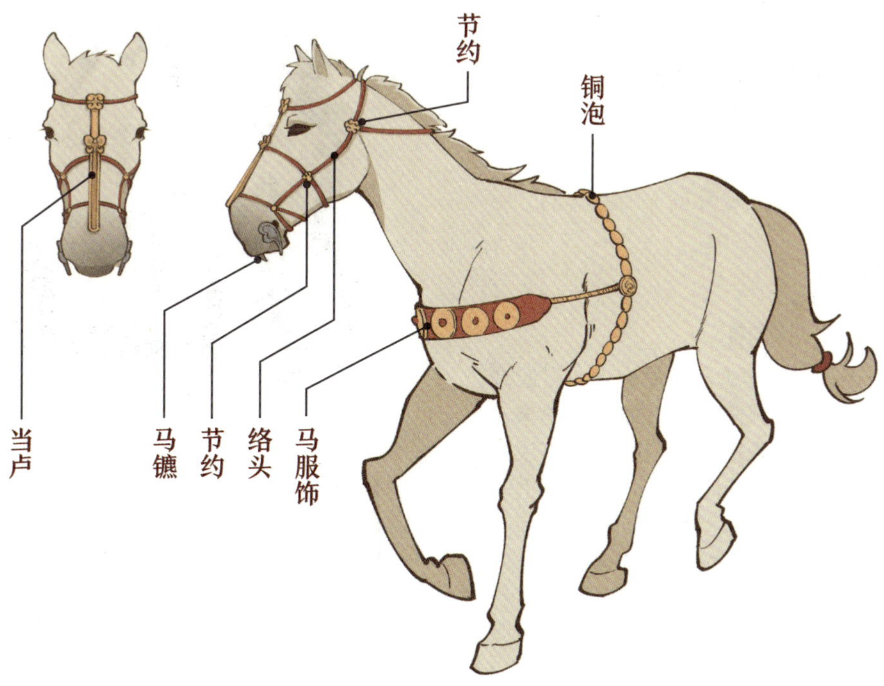

马饰示意图

(二)服牛乘马

除了步行，骑马乘牛是古人常用的陆上出行方式，成语“服牛乘马”说的就是这事。这种交通方式出现得比较早，比如，早在3000多年前的商代，王亥就发明了牛车；按《列仙传》说，周代末年，老子是“乘牛车”入秦的（也有说他是骑青牛过函谷关的）。在广州，那些出土的各类车马俑让我们得以窥见千百年前道路上的车马交通面貌。

陶马车
年　代：东汉
馆藏地：广州博物馆

古人对马车的需求量极大，无论载人还是运货，都会用到，因而可以想象，当时的道路也应是车来车往。这件东汉时期的陶马车，生动地展示了当时道路上马车的一般形制：硕大的车轮几乎与马匹同高，半封闭的车厢内还有一位驾车人。

青釉骑马俑
年　代：西晋
馆藏地：广州博物馆

这件骑马俑以中间骑马的人为核心，他头戴高冠，应是主人。所骑的马匹从马鞍、马辔到铺褥等配饰都非常齐全。马的旁边站着两个人，分别以双手扶住马身，应该是训练有素的仆人，正在为主人做上马的保护动作。

陶牛车
年　代：西晋
馆藏地：广州博物馆

除了马匹之外，牛也是我们祖先重要的交通工具。牛车最早只是载物的工具，到东汉初期，仍是如此。史载，当时有位太守乘牛车出行，被视为"有损国典"，被降级。但到了魏晋南北朝时期，牛车的使用已非常普遍，无论是天子还是庶民，都可乘牛车。

牛车的风行，甚至影响到了当时的葬俗：人们的随葬品中一般都会配有陶制牛车。这一风气也传到了广州。比如这件陶牛车，即出土于西晋初年的墓葬中。它的造型为一牛拉着篾纹的车厢。为适应岭南高温多雨的天气，车篷向前延伸，以遮盖牛身。厢内端坐一人，双手扶几。车前两人正在套一头体态肥硕的牛，车后还有一人在整理后板，好像在准备出行。

小知识

魏晋时期，牛车真的牛！

东汉末年，马匹作为战略物资严重短缺，牛车成为最经济舒适的代步工具，终于跻身上流社会，引领新的座驾潮流。魏晋时期的士大夫们恃才傲物，流行坐牛车上班。他们是绅士中的绅士，崇尚慢生活，不拼速度拼风度。牛车的车厢高大宽敞，行驶起来四平八稳，可慢赏沿途风光。所以坐牛车出行成为当时这批"文艺青年"的必备时尚。

按照用车制度，王公贵族和高级官员可以乘坐罩上帷幔的通幰车或偏幰车，普通人就只能乘坐敞篷车了。据说，北魏皇帝出行，要用12头牛拉车！汉末魏晋的牛车之风刮了数百年，直到唐初才平复下来。

（三）人力交通工具

除了牛和马，以人力作为动力的交通方式也是我国交通史上的重要一项。人力交通是人类最先使用的运输方式，如轿夫交通，后来出现的人力车夫交通也是大家最熟悉不过的。但是，以人力为交通动力，被很多有识之士认为是不合人道的。

绿釉陶轿
年　代：宋代
馆藏地：广东省博物馆

据说，轿子的雏形产生于公元前21世纪的夏朝。大禹治水过程中，曾乘"欙"——最原始的轿子出行。汉代，轿子发展为步辇。从唐代名画《步辇图》中，我们可以窥见步辇的形制，它是一张加有两根抬扛的四脚床。进入宋代，轿子的样式有了改进，如在四周加了帷幕作为屏障，在顶部加上顶盖。宋代张择端画的《清明上河图》里有不少轿子，证明轿子在宋代较为流行。这件绿釉陶轿展示了宋代轿子的面貌。

通草画《抬花轿》
年　代：清代
馆藏地：广州博物馆

画中所绘为清代广州所见的婚嫁花轿。花轿是传统中式婚礼上使用的特殊轿子，帷帐选用大红色彩绸，绣有富贵花卉、丹凤朝阳图和百子图等吉祥图案，缀以金线、银线，烘托喜庆氛围。普通人娶亲用的是二人抬的花轿，大户人家常用四人甚至八人抬的大花轿，显示家境的殷实。此画中的婚庆仪仗十分有派头，除了轿夫八位，还有骑马擎彩旗者，更有兵勇簇拥护卫，可见新娘身份较为尊贵。

黄包车（复制品）
馆藏地：广州博物馆

人力车又称黄包车，大概在1870年由日本人创制，1874年左右传入我国，当时被称为东洋车，因穿行便利而广受欢迎。它是清末及民国时期广州早期城市化过程中出现的一种重要交通工具。拉车的多是破产农民或失业工人。

船行天下

广州地处珠三角腹地，三江交汇，南向大海，河涌成网，水系发达，在很长的一段时期，保持着“珠江烟水碧濛濛”的水城风貌。居民伴水而居，船是重要的交通工具。对外以南海通四域，对内以渠涌行巷陌，发达的水上交通是广州值得书写的一笔。

与此相应的，广州很早就发展出先进的造船技术，拥有满足通行海、河、涌所需要的各类船只。因而，先民们在水网纵横的广州地域内来往自如，而且凭借水路的便利，通过海上丝绸之路，助力广州在世界贸易中赢得了“东方大港”的地位。清代，更是借助一口通商成为“天子南库”。

清代　玻璃画《广州十三行商（夷）馆》
（广州博物馆藏）

（一）水上浮城

广州城南临南海，又有珠江穿城而过，水网密布，船艇如梭，宛如一座“浮城”。如此种类繁多的船只在江面上穿梭如鲫的景象，令1793年首次出使中国的英国使节马戛尔尼印象深刻，他写道：“广州河面几乎为各种各样大大小小的船艇所覆盖，哪怕是最小的船只，都经常密密麻麻地待满了人”。

因此，穿行在这样一座城市，你会听到涌边的叫卖声、船橹击水声、艇上吆喝声……平民百姓撑着竹篙，划着小舟穿行其上，舢板、

木船模
年　代：西汉中期
出土地：广州西村皇帝岗
馆藏地：广州博物馆

这件船模的中部设有两个船舱，船头有四人划桨，船尾还有一人负责拿着船桨控制船行的方向，应为内河航船，反映了西汉时期广州的航船形制。

通草画《西瓜扁》
年　代：清代
馆藏地：广州博物馆

这是清代广州口岸出现的一种中型运货船，被外国人称为“官印艇”，又因圆形舱板和侧舷如西瓜状而得名“西瓜扁”。鸦片战争爆发前，来华贸易的外国商船只能停泊在黄埔港缴纳关税，这种接驳艇就专门航行于黄埔港与十三行商馆之间的珠江水道，接驳货物、运送外国人。

横水渡来来往往，打破了内河与江海的隔阂。捕鱼、养鸭、送货、卖花……各类水上营生在船艇上诞生，催生了繁华的“水上街市”。水与船共同构建了广州通达四海的水路交通。

通草画《横水渡与载客帆船》
年　代：清代
馆藏地：广州博物馆

广州位于东江、西江、北江交汇处，珠江三角洲北缘，城内外河道纵横交错，人们短途出行多依赖横水渡一类的交通工具。“船小肚量大”的横水渡是一种航行于狭窄水道上的中小型船只，以一条缆绳连接水岸两边，用以搭客、货或车。船夫站在船上，以人力拉动或机器搅动缆绳使船只向对岸缓慢移动。

通草画《卖花船与渡船》
年　代：清代
馆藏地：广州博物馆

珠江上，有专门售卖各种日用品的小艇，这种小艇售卖的货品包括蔬果、肉类、豆腐、油米，也包括鲜花。更有一些小艇专事理发、算命或耍把戏，广州城的日常生活和娱乐所需，在水上似乎也应有尽有。

通草画《渔船》
年　代：清代
馆藏地：广州博物馆

养鱼、捕鱼是珠三角渔民重要的生产活动之一，渔船正是渔民进行生产活动的交通载体。珠江上渔船种类繁多，有大鱼罟船、撒网艇、跳白等。长居船上的渔民被称为“疍民”。

通草画《鸭艇》
年　代：清代
馆藏地：广州博物馆

在田间和浅滩放养鸭子是珠三角地区常见的农业活动。明清时期，广州地区出现新型的养鸭模式——以船载鸭养殖。用于养鸭的船被称为鸭艇，它兼具养殖及运输功能，左右设有两扇竹编鸭排，可供五六百甚至上千只鸭子栖息，船尾翼板可打开，让鸭子下船到泥岸和浅滩上自由觅食。

通草画《快蟹》
年　代：清代
馆藏地：广州博物馆

在珠江口附近，大家可能会看到具摇橹和航帆的“快蟹”（又作“快鞋”）或“游龙”，它们正是偷运鸦片的工具。洋船把鸦片从印度载到珠江口，在伶仃岛上卸下，再由这些“快蟹”运载入城。

通草画《舢板和“大眼鸡”（广船）》
年　代：清代
馆藏地：广州博物馆

舢板，又称“舢舨”，是一种结构最简单的小型木板船，没有甲板，常见于珠江之上，在近岸处为大船运送货物或乘客。“舢”原指“大山一般的船”，在大船与大船之间往返的小船就被称为“舨”，大船称“母船”，小船则称“子船”，因母子不可分离，所以把舢和舨两字合并为一词舢舨，表示“舢的舨”。

(二) 梯航万里

早在秦汉时期，广州就拥有了领先世界的造船技术。那时的船只，已拥有船舵，这项突破性发明，遥遥领先欧洲上千年，也为广州通航世界奠定了坚实的基础。唐宋时期，得益于先进的造船技术，以及进一步发展完善的海外贸易政策与配套设施，广州海外贸易之发达，已在全球首屈一指。明清时期，在国际地位上，广州绝不逊色于伦敦、罗马：明代广州在朝贡贸易体系中作用突出，并且成为“地理大发现”后西方航海国家到东方贸易的重要港口；清康熙年间，朝廷在广州设立粤海关，依托行商与海外诸国开展海外贸易；1757—1842年，广州又成为中国对欧美航海国家“一口通商”的口岸，珠江北岸十三行商馆区，可见各国国旗飘扬。

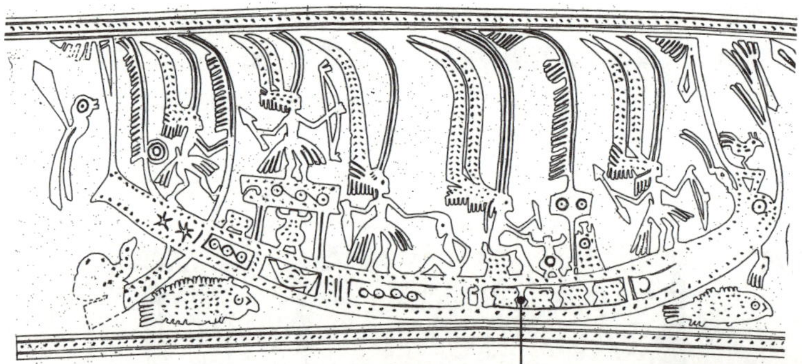

船纹铜提筒
年　代：西汉
出土地：南越文王墓
馆藏地：南越王博物院

提筒是古代越人所使用的储存器皿。船纹铜提筒的筒身有四组船纹图案（上图为其中之一），描绘了船队凯旋的情景。其中，四船首尾相连，高高翘起，船中有弓形大橹，船尾设舵，甲板下各货舱分载铜鼓等货物而互不混杂，显示出水密隔舱的结构，明显是能远航的海船。由此，人们认为当时广州造船技术已有领先世界的水准。

陶船
年　代：东汉
出土地：广州沙河顶
馆藏地：广州博物馆

这艘船船头有锚，船尾有舵，甲板上有防浪篷，船舱内横架了八根梁担以加固船体，船型吃水较深，负载量较大，有较强的抗风能力，适应深水航行，反映出2000年前广州人高超的造船技术。由于历史意义非凡，这件文物的原件已被调拨到中国国家博物馆收藏展出啦！

小知识

中国是世界上首个使用船尾舵的国家

船舵是中国造船技术方面的一项伟大的发明。这个控制船舶航向的部件一般装在船尾，所以又称船尾舵。它的体形虽小，却发挥着巨大作用，航行中的船舶若要转向，均需船舵配合。船体需要转往某一方向时，只要将船舵向这一方向偏转，就能让水流在舵面上产生一股压力，即舵压，船只利用舵压产生的动力便能轻松转向。随着航海技术的发展，船舵的类型越发多样，可以分为平衡舵、升降舵、开孔舵等。

海洋为广州带来了很多看得见和看不见的财富，而水上交通则是这一切的基础：一艘艘高大的海船从国外驶向广州珠江沿岸的码头，又从码头出发驶向四海。彼时，广州成为中国看世界的眼睛、世界看中国的窗口。

木桩
年　代：唐代
出土地：德政中路码头遗址
馆藏地：广州博物馆

码头是海上交通、对外贸易的基本支点及保障设施。越秀德政中路码头遗址出土的木桩，其实是海内外商船泊岸珠江码头时系缆绳所用。也就是说，这些木桩被牢固地打入地里的时候，德政中路这一带正处于珠江的北岸岸线。这些木桩，或许拴过来自阿拉伯的著名航船——“苏哈尔”号。同一处遗址还发现了唐代的开元通宝和越窑、长沙窑等地的大量外销陶瓷残片，说明唐代时这处港口还是外销瓷器集中的出口港之一。

“苏哈尔”号船模型
年　代：20 世纪 90 年代
馆藏地：广州博物馆

唐代，广州与阿拉伯国家贸易往来、文化交流密切。公元8世纪中叶，阿曼的著名航海家欧贝德驾驶双桅三帆木船“苏哈尔”号，依靠风力航行了七个半月后抵达广州，开通了阿拉伯帝国和唐朝的海上贸易航道，为中国带来了阿拉伯地区的亚麻、毛毯、金属以及红海沿岸特产乳香。20世纪80年代，阿曼工匠重建“苏哈尔”号商船，并成功复航广州。1991年，阿曼文化部向广州博物馆赠送这艘船模以纪念中阿友谊。

想象你穿越到唐代广州，乘着高大的蕃舶而来，从光塔码头登陆。在这里，你听到了夹杂着粤语、阿拉伯语、马来语等多种语言的鼎沸人声，嗅到了来自远洋的香料气味，各种肤色的人们从你身旁穿行而过，东方大港货如轮转、开放包容的姿态在你眼前展现。

小知识

广州码头演变

秦汉时期，广州城西的兰湖是一个天然的避风港，兰湖码头是当时重要的内港码头。随着珠江北岸的南移，南朝时期的内港码头移到了坡山古渡。到了唐代，坡山半岛西侧的光塔码头的地位逐渐上升。宋代，由于城市扩建，西澳和东澳成为广州最重要的内港码头区。明代永乐年间，内港码头西移至蚬子埗，那里设置了怀远驿，作为接待外商之所。到了清代，内港码头移到了十三行之南。清末至民国时期，则有珠江内外航道诸码头。

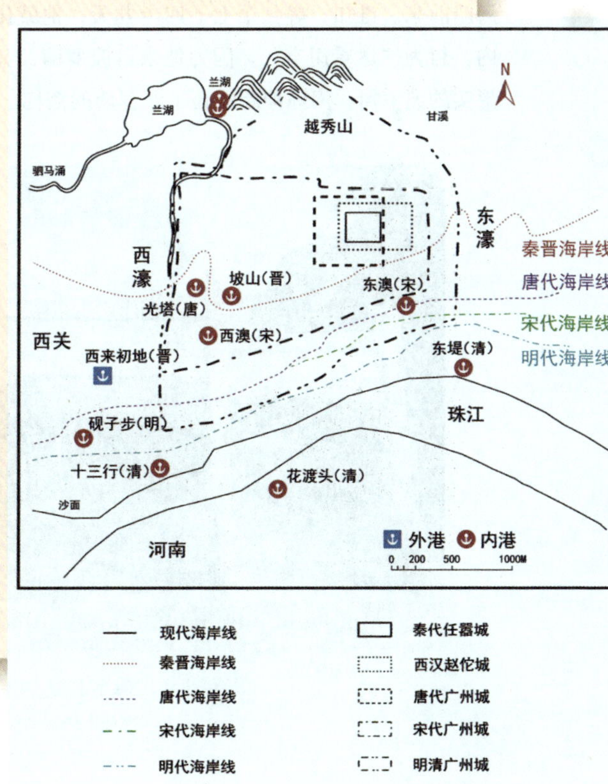

广州城历代码头位置示意图
（参照《广东省地图集》的《广州古城示意图》绘）

小知识

波罗庙的由来

南海神庙坐落在广州市黄埔区庙头村，始建于隋开皇十四年（594），至今已有1400多年的历史，是广州海上贸易史的重要史迹。南海神庙地处珠江出海口，中外海员出入广州常到庙中祭拜，祈求出入平安、一帆风顺。庙殿正面牌坊石额刻“海不扬波”四字，寄寓了人们对风平浪静、平安顺遂的美好祈愿。

南海神庙又称波罗庙。相传唐朝时，一位天竺（印度）属国波罗使者达奚来华，误了归期，无法还乡，每天都登上南海神庙旁的土丘等待故乡的海船前来。谁知，等到第七七四十九天，他就化为了石人，被乡人供奉在庙内，封为“达奚司空”。因为他来自波罗国，又在庙内种植了能结出波罗蜜果实的波罗树，南海神庙遂有了波罗庙的俗称。

南海神庙“海不扬波”石牌坊
（FOTOE 供图）

四爪铁锚
年　代：明代
出土地：广州六榕路铁局巷工地
馆藏地：广州博物馆

锚是停船所用的器具，它以铁链连接船身，下抛水底，可使船停稳。四爪铁锚一般是在大型海船上使用的。图中这只铁制的海船大铁锚由锚爪、锚头和锚柄组成，重约1吨，制作工艺较好，反映了明代广州地区冶铁水平和航海技术的进步。

通草画《悬公司旗的货艇》
年　代：清代
馆藏地：广州博物馆

广州商贸发达，商馆林立，有些商馆有自己专用的货船，比如这件通草画所绘的，就是悬挂着某商馆旗帜的一艘货船。

通草画《大眼鸡》
年　代：清代
馆藏地：广州博物馆

因为船头两侧绘有大眼球而得名的“大眼鸡”，学名广船，产于广东，与沙船、福船一起被称为我国古代的三大船型，盛行于明清时期。广船的最大特点是设有多孔舵及水密隔舱。所谓多孔舵，是指舵叶上设菱形小孔的舵，在帆船遇到急流时，可通过小孔把水流经舵叶产生的涡流阻力减到最小，从而使船只回转性好，操纵灵活。水密隔舱能提高船只安全性能，当其中一个船舱进水时，其他的舱位仍可保持密封，保证船只不下沉。这种技术其实很早就被越人开发使用了。

水密隔舱示意图

通草画《白盐艚》
年　代：清代
馆藏地：广州博物馆

画匠笔下的盐艚全身涂上了白色的油漆，因此叫做白盐艚。闽、粤商人多用其作货船。晚清，官营盐业逐步放松后，闽、粤商人抓住机遇，大力发展民间漕运盐业，购买福建造的白艚船组织大型运盐船队，前往广东电白装盐，再将盐运到广州出售。